BUKU AJAR ILMU KALAM

Dr. Rifqi Khairul Anam, M.Si.

ALIFBA MEDIA

Buku Ajar Ilmu Kalam

ISBN: 978-623-8733-89-7
14.8x21 cm
vii+120 hlm
Cetakan ke-1, Januari 2025

Penulis:
Dr. Rifqi Khairul Anam, M.Si.

Penerbit:
Alifba Media
Anggota IKAPI No. 409/JTI/2024
Jl. Lawangan Daya No. 06, Pademawu, Pamekasan
Email: mediaalifba@gmail.com
Website: www.alifba.id

KATA PENGANTAR

Puji syukur penulis haturkan kehadirat Allah SWT, karena atas izin dan karunia-Nya buku ini dapat terselesaikan dengan segala kelebihan dan kekurangannya. Buku ini merupakan buku tentang buku ajar Ilmu Kalam. Buku ajar ini disusun dengan tujuan memberikan gambaran awal dan pengantar bagi mahasiswa mengenai beragam aliran dalam Ilmu Kalam. Pembahasan dalam buku ini tidak bermaksud memberikan penilaian atau generalisasi terhadap aliran-aliran tersebut, melainkan lebih kepada pemaparan konsep-konsep dasar yang menjadi ciri khas masing-masing aliran. Perlu diingat bahwa Ilmu Kalam adalah bidang kajian yang sangat luas dan kompleks, sehingga pembahasan dalam buku ini hanya menyajikan sebagian kecil dari keseluruhan pengetahuan yang ada. Dengan demikian, diharapkan buku ini dapat menjadi titik awal bagi mahasiswa yang ingin memperdalam pemahamannya tentang Ilmu Kalam.

Ilmu Kalam, sebagai salah satu pilar penting dalam pendidikan Islam, telah menarik perhatian banyak mahasiswa. Mata kuliah ini, yang secara konsisten diajarkan di berbagai perguruan tinggi Islam di Indonesia, menawarkan sebuah jendela untuk mengintip kedalaman pemikiran teologis. Namun, perjalanan para mahasiswa dalam memahami ilmu ini tidak selalu mulus. Banyak di antara mereka yang merasa kebingungan dengan beragam aliran pemikiran yang seringkali saling bertentangan, serta mempertanyakan relevansi ilmu ini dalam kehidupan sehari-hari. Pertanyaan-pertanyaan seperti "Mengapa banyak perselisihan dalam Ilmu Kalam?" dan "Apa manfaat mempelajari ilmu ini?" menjadi pertanyaan yang sering muncul.

Perdebatan mengenai nilai dan manfaat Ilmu Kalam telah berlangsung sejak lama. Sebagian kalangan memandang Ilmu Kalam sebagai sumber perpecahan dan pertentangan yang tak berujung. Mereka berargumen bahwa Ilmu Kalam lebih banyak menimbulkan pertanyaan daripada memberikan jawaban yang memuaskan. Pandangan ini seringkali didasarkan pada anggapan bahwa Ilmu Kalam terlalu abstrak dan sulit dipahami oleh orang awam. Namun, di sisi lain, banyak pula tokoh yang meyakini bahwa Ilmu Kalam adalah kunci untuk memahami agama secara lebih mendalam. Mereka berpendapat bahwa dengan mempelajari Ilmu Kalam, seseorang dapat membedakan antara keyakinan yang benar dan yang salah, serta menguatkan imannya.

Lantas, apa saja manfaat yang dapat diperoleh dari mempelajari Ilmu Kalam? Pertama, Ilmu Kalam membantu kita untuk memahami dasar-dasar ajaran agama secara lebih rasional. Dengan mempelajari dalil-dalil dan argumentasi yang diajukan oleh para ulama, kita dapat membangun keyakinan yang kuat dan kokoh. Kedua, Ilmu Kalam melatih kita untuk berpikir kritis dan analitis. Dalam mempelajari Ilmu Kalam, kita dituntut untuk mengevaluasi berbagai pendapat dan argumentasi, serta memilih pendapat yang paling rasional dan masuk akal. Ketiga, Ilmu Kalam membantu kita untuk memahami keragaman pemikiran dalam Islam. Dengan memahami berbagai aliran pemikiran dalam Islam, kita dapat menghargai perbedaan dan membangun toleransi antar umat beragama.

Ilmu Kalam tidak hanya bermanfaat untuk memahami aspek teoritis agama, tetapi juga memiliki implikasi praktis dalam kehidupan sehari-hari. Dengan memahami Ilmu Kalam, kita dapat menerapkan nilai-nilai agama dalam kehidupan kita secara lebih baik. Misalnya, dengan memahami konsep tauhid, kita dapat membangun hubungan yang lebih dekat dengan Allah SWT. Selain itu, dengan memahami konsep keadilan, kita dapat memperlakukan sesama manusia dengan lebih adil dan bermartabat.

Ilmu Kalam, meskipun seringkali dianggap sebagai ilmu yang sulit dan kompleks, sebenarnya memiliki peran yang sangat penting dalam kehidupan seorang muslim. Dengan mempelajari Ilmu Kalam, kita dapat memperoleh pemahaman yang lebih mendalam tentang agama, melatih kemampuan berpikir kritis, dan menerapkan nilai-nilai agama dalam kehidupan sehari-hari. Oleh karena itu, sangat penting bagi para mahasiswa untuk tidak ragu-ragu dalam mempelajari Ilmu Kalam dan menggali segala potensi yang terkandung di dalamnya.

Penulis menyadari bahwa buku ajar ini, sebagaimana karya tulis lainnya, memiliki keterbatasan dan masih terdapat banyak kekurangan. Ini merupakan hal yang wajar dalam proses penyusunan sebuah buku ajar, mengingat kompleksitas materi Ilmu Kalam. Oleh karena itu, penulis membuka diri terhadap segala bentuk kritik dan saran yang konstruktif dari para pembaca. Harapannya, masukan-masukan tersebut dapat menjadi bahan evaluasi dan perbaikan untuk penyempurnaan buku ajar ini di masa mendatang.

Penulis berharap buku dapat memberikan kontribusi yang berarti dalam mempelajari Ilmu Kalam, dan menjadi salah satu sumber belajar yang bermanfaat untuk menambah pemahaman dan wawasan. Tidak hanya itu, penulis juga berharap buku ini dapat menarik minat masyarakat umum yang ingin mendalami Ilmu Kalam, sehingga dapat memperkaya khazanah keilmuan di bidang Ilmu Kalam.

Penulis menyadari bahwa Ilmu Kalam merupakan bidang kajian yang sangat luas dan mendalam. Oleh karena itu, buku ini tidak mungkin mencakup seluruh aspek Ilmu Kalam secara komprehensif. Namun, penulis telah berusaha semaksimal mungkin untuk menyajikan materi yang relevan dan mudah dipahami agar pembaca dapat lebih mudah menangkap konsep-konsep yang dijelaskan.

Akhir kata, penulis mengucapkan terima kasih kepada semua pihak yang telah berkontribusi dalam penyusunan buku ajar ini. Semoga buku ini dapat bermanfaat bagi kita semua dan memberikan kontribusi positif dalam pengembangan ilmu pengetahuan. Amin.

Probolinggo, November 2024

Dr. Rifqi Khairul Anam, M.Si.

DAFTAR ISI

BAB 1
KONSEP DASAR ILMU KALAM

A. Definisi Ilmu Kalam

Ilmu kalam, dalam bahasa Arab, secara harfiah berarti "ilmu tentang perkataan". Namun, dalam konteks studi Islam, istilah ini merujuk pada kajian mendalam tentang Tuhan dan sifat-sifat-Nya. Oleh karena itu, ilmu kalam seringkali disinonimkan dengan ilmu ushuluddin atau ilmu tauhid. Ilmu ini secara khusus membahas tentang penetapan aqidah atau keyakinan dasar dalam Islam dengan menggunakan dalil-dalil yang kuat, baik dari Al-Qur'an, hadis, maupun akal. Cakupan ilmu kalam sangat luas, mulai dari pembahasan tentang keberadaan Tuhan, sifat-sifat-Nya, hingga hubungan manusia dengan Sang Pencipta (Frank, 1992, hlm. 9–12)

Ilmu kalam, sering disebut juga sebagai teologi Islam, adalah sebuah disiplin ilmu yang mempelajari tentang keyakinan dasar dalam agama Islam. Ilmu ini berusaha untuk menjelaskan dan membela akidah Islam dengan menggunakan akal dan dalil-dalil yang kuat. Secara sederhana, ilmu kalam dapat diartikan sebagai ilmu yang membahas tentang Tuhan, sifat-sifat-Nya, dan hubungan manusia dengan Tuhan (Hasbi, 2015, hlm. 6).

Al-Farabi (872 M - 950 M), seorang filsuf Muslim yang sangat berpengaruh, mendefinisikan ilmu kalam sebagai disiplin ilmu yang secara komprehensif membahas tentang Dzat dan sifat Allah, serta segala sesuatu yang ada di alam semesta, baik yang berkaitan dengan kehidupan dunia maupun akhirat. Pandangan Al-Farabi ini menunjukkan bahwa ilmu kalam bukan hanya sekadar kajian teoretis, melainkan juga memiliki implikasi yang sangat luas terhadap pemahaman manusia tentang eksistensi dan tujuan hidup. Dengan kata lain, ilmu kalam berusaha untuk menyusun sebuah sistem pengetahuan yang koheren dan menyeluruh tentang alam semesta dan tempat manusia di dalamnya, semuanya berlandaskan pada doktrin-doktrin Islam. Pendekatan Al-Farabi ini menjadikan ilmu kalam sebagai sebuah upaya intelektual yang sangat ambisius, yang berusaha untuk mengintegrasikan antara filsafat dan agama (Komarudin, 2015, hlm. 6)

Sementara itu, Ibnu Khaldun (1332 M - 1406 M), seorang sejarawan dan sosiolog Muslim yang terkenal, memiliki pandangan yang sedikit berbeda tentang ilmu kalam. Menurutnya, ilmu kalam adalah sebuah alat yang digunakan untuk membela dan mempertahankan keyakinan-keyakinan dasar Islam. Dengan menggunakan argumen-argumen rasional, ilmu kalam berusaha untuk menolak paham-paham yang menyimpang dari ajaran Ahlus Sunnah wal Jamaah. Ibnu Khaldun menekankan pentingnya ilmu kalam sebagai sarana untuk menjaga kemurnian akidah umat Islam di tengah gempuran berbagai pemikiran yang bertentangan. Pandangan Ibnu Khaldun ini menunjukkan bahwa ilmu kalam memiliki fungsi yang sangat penting dalam konteks sosial dan politik, yaitu sebagai alat untuk menjaga kesatuan umat dan mencegah terjadinya perpecahan (Nasar, 2015, hlm. 4).

Hassan Hanafi (1935 M – 2021 M), seorang pemikir Islam terkemuka, pernah menyatakan dengan tegas bahwa "Tidak ada suatu cabang ilmu yang di dalamnya paling banyak pertentangan dan paling banyak perbedaan pendapat selain Ilmu Kalam." Pernyataan ini menggarisbawahi betapa dinamis dan kompleksnya ilmu kalam sebagai sebuah disiplin ilmu. Sejak kemunculannya, ilmu kalam telah menjadi arena perdebatan sengit di kalangan para ulama dan pemikir Islam (Jamaluddin & Anwar, 2020, hlm. v).

Pernyataan Hassan Hanafi tentang ilmu kalam sebagai arena perdebatan yang tak berkesudahan memang tidak berlebihan. Namun, hal ini tidak berarti bahwa ilmu kalam tidak memiliki nilai. Justru sebaliknya, perdebatan yang terjadi dalam ilmu kalam menunjukkan betapa dinamis dan relevannya agama Islam dalam menghadapi berbagai tantangan zaman. Dengan memahami akar permasalahan dan berbagai perspektif yang ada, kita dapat menghargai keragaman pendapat dalam ilmu kalam dan menemukan jalan tengah yang dapat mempersatukan umat Islam (hanafi, 2015, hlm. 29).

B. Sejarah dan Latar Belakang Lahirnya Ilmu Kalam

Ilmu kalam, sebagai salah satu disiplin ilmu keislaman, muncul sebagai respons terhadap dinamika sosial, politik, dan intelektual yang kompleks pada masa awal perkembangan Islam. Akar sejarahnya dapat ditelusuri hingga periode pasca-wafatnya Nabi Muhammad SAW, ketika persoalan kepemimpinan dan interpretasi terhadap ajaran Islam mulai mencuat (Hasbi, 2015, hlm. 7).

Peristiwa yang paling signifikan dalam memicu lahirnya ilmu kalam adalah konflik politik yang terjadi setelah wafatnya Khalifah Usman bin Affan (576 - 17 Juni 656 M). Pembunuhan Usman memicu perpecahan di kalangan umat Islam. Ali bin Abi Thalib (600 - 661 M), yang kemudian menjadi khalifah, menghadapi tantangan dari berbagai kelompok (Nasar, 2015, hlm. 41).

Peristiwa yang kemudian terjadi adalah Pertempuran Siffin pada tahun 657 Masehi antara pasukan Ali bin Abi Thalib dan Muawiyah bin Abu Sufyan. Konflik ini bermula dari tuntutan Muawiyah untuk menghukum para pembunuh Khalifah Usman, yang juga melibatkan Ali secara tidak langsung. Ketika pertempuran mencapai titik kritis, Amr bin Ash, panglima pasukan Muawiyah, mengangkat Al-Qur'an sebagai tanda perdamaian. Ali, yang tidak ingin pertumpahan darah lebih lanjut, menyetujui usulan arbitrase (Nasar, 2015, hlm. 42).

Keputusan untuk melakukan arbitrase ini kemudian memicu perpecahan di kalangan pengikut Ali. Sebagian besar mereka setuju dengan keputusan tersebut, namun ada juga kelompok yang menolak keras. Kelompok yang menolak ini dikenal sebagai Khawarij. Mereka berpendapat bahwa masalah kekuasaan tidak dapat diselesaikan melalui arbitrase manusia, melainkan harus kembali kepada hukum Allah sebagaimana tercantum dalam Al-Quran. Khawarij memandang bahwa siapa saja yang tidak berpegang teguh pada hukum Allah adalah kafir dan boleh dibunuh (Nasar, 2015, hlm. 43).

Peristiwa Siffin dan munculnya Khawarij memicu lahirnya berbagai aliran teologi dalam Islam. Selain Khawarij, muncul pula aliran-aliran seperti Murji'ah dan Mu'tazilah. Murji'ah berpendapat bahwa seorang muslim yang melakukan dosa besar tetap dianggap mukmin dan hanya Allah yang berhak menghukumnya. Sementara itu, Mu'tazilah menempatkan posisi pendosa besar di antara mukmin dan kafir, dan mereka menekankan pentingnya menggunakan akal dalam memahami agama (Nasar, 2015, hlm. 46).

Perkembangan ilmu kalam juga dipengaruhi oleh masuknya filsafat Yunani ke dalam dunia Islam. Aliran Mu'tazilah, misalnya, sangat terpengaruh oleh filsafat Yunani, terutama dalam hal penggunaan akal dalam memahami agama. Mereka mengembangkan ajaran-ajaran seperti keadilan Allah, kebebasan manusia, dan tauhid (Sukiman, 2021, hlm. 85–86).

Peristiwa Siffin dan munculnya Khawarij merupakan titik balik dalam sejarah perkembangan Islam. Konflik ini memicu perdebatan teologis yang panjang dan sengit, serta melahirkan berbagai aliran yang saling bertentangan. Perkembangan ilmu kalam selanjutnya dipengaruhi oleh berbagai faktor, seperti pengaruh filsafat Yunani, dinamika politik, dan sosial masyarakat Islam pada masa itu (Nasar, 2015, hlm. 42–46).

C. Perbedaan Ilmu Kalam Dengan Ilmu-Ilmu Islam Lainnya

Ilmu kalam, tafsir, hadis, dan ushul fiqh merupakan pilar-pilar penting dalam khazanah keilmuan Islam. Meski saling berkaitan, namun masing-masing memiliki fokus kajian yang berbeda. Ilmu kalam berfokus pada pondasi iman atau aqidah. Ia menggunakan akal dan dalil-dalil naqli (Al-Qur'an dan hadis) untuk menjelaskan dan membela keyakinan dasar umat Islam. Objek kajiannya sangat luas, mulai dari keberadaan Tuhan, sifat-sifat-Nya, hingga masalah-masalah teologis seperti kebebasan manusia dan takdir (Amin, 2012, hlm. 5).

Tafsir, di sisi lain, lebih spesifik pada penafsiran ayat-ayat Al-Qur'an. Para mufassir berusaha menggali makna yang terkandung dalam setiap ayat, baik makna literal maupun makna yang lebih dalam. Tujuannya adalah untuk memahami hukum-hukum syariat, hikmah di balik ayat, dan cara mengamalkan Al-Qur'an dalam kehidupan sehari-hari. Hadis sebagai ilmu yang mempelajari hadis Nabi Muhammad SAW, memiliki fokus pada pengumpulan, pengkajian, dan penetapan hadis yang sahih. Hadis menjadi sumber hukum Islam setelah Al-Qur'an dan berperan penting dalam memahami ajaran Islam secara lebih detail (Fatahilah dkk., 2016, hlm. 167).

Ushul fiqh merupakan ilmu yang mempelajari kaidah-kaidah umum dalam menetapkan hukum Islam. Ilmu ini membahas tentang sumber-sumber hukum Islam, metode istinbat hukum, dan cara menyusun hukum Islam. Ushul fiqh menjadi landasan bagi para ulama dalam menetapkan hukum-hukum fiqh yang lebih spesifik dalam berbagai masalah kehidupan (Hasbi, 2015, hlm. 18–19).

Perbedaan mendasar dari keempat ilmu ini terletak pada fokus kajian dan metode yang digunakan. Ilmu kalam lebih bersifat filosofis dan teologis, sementara tafsir dan hadis lebih bersifat historis dan linguistik. Ushul fiqh, di sisi lain, lebih bersifat yuridis dan logis. Meski demikian, keempat ilmu ini saling berkaitan dan saling melengkapi. Ilmu kalam memberikan dasar-dasar keimanan yang menjadi landasan bagi ilmu-ilmu Islam lainnya. Tafsir dan hadis memberikan bukti-bukti empiris untuk mendukung akidah yang telah ditetapkan dalam ilmu kalam. Sedangkan ushul fiqh menggunakan hasil-hasil kajian tafsir dan hadis untuk menetapkan hukum-hukum Islam (Novela, 2018, hlm. 48–51).

D. Tujuan Mempelajari Ilmu Kalam

Tujuan utama mempelajari ilmu kalam adalah untuk mencapai keimanan yang kokoh dan rasional. Dengan mempelajari ilmu kalam, seseorang dapat memahami dasar-dasar aqidah Islam secara mendalam, sehingga terhindar dari kesesatan dan keraguan (Sukiman, 2021, hlm. 88).

Salah satu tujuan penting lainnya dari mempelajari ilmu kalam adalah untuk mampu membedakan antara yang benar dan yang salah dalam berbagai aliran pemikiran. Dalam era globalisasi saat ini, umat Islam dihadapkan pada berbagai macam ideologi dan paham yang bertentangan dengan ajaran Islam. Dengan bekal ilmu kalam, seorang Muslim dapat menyaring informasi dan argumentasi yang masuk, sehingga tidak mudah terpengaruh oleh pemikiran yang menyimpang. Selain itu, ilmu kalam juga berfungsi sebagai benteng pertahanan terhadap serangan-serangan terhadap ajaran Islam (Sukiman, 2021, hlm. 88–89).

Lebih lanjut, mempelajari ilmu kalam dapat meningkatkan kualitas ibadah seseorang. Dengan memahami hakikat keimanan dan tujuan hidup, seseorang akan lebih khusyuk dalam beribadah dan lebih mendekatkan diri kepada Allah SWT. Ilmu kalam juga mengajarkan kita untuk berpikir kritis dan logis dalam memahami agama, sehingga kita dapat mengamalkan Islam dengan penuh kesadaran dan tanggung jawab (Sukiman, 2021, hlm. 89).

E. Latihan Soal

1. Apa yang dimaksud dengan ilmu kalam secara sederhana?
2. Sebutkan minimal tiga hal yang menjadi objek kajian dalam ilmu kalam!
3. Jelaskan perbedaan antara ilmu kalam dengan ilmu ushuluddin!
4. Mengapa ilmu kalam menggunakan dalil-dalil akal selain dari Al-Qur'an dan hadis?

BAB 2
MERETAS JALAN FILSAFAT DAN ILMU KALAM

A. Definisi Filsafat

Filsafat, sebagai sebuah disiplin ilmu yang mendalami pertanyaan-pertanyaan fundamental tentang keberadaan, pengetahuan, nilai, dan realitas, muncul sebagai respon terhadap rasa ingin tahu manusia yang tak terpuaskan. Filsafat Yunani Kuno, yang dianggap sebagai cikal bakal filsafat modern, lahir di tengah peradaban yang kaya akan mitos dan legenda. Para filsuf Yunani Kuno mulai meragukan kebenaran mitos-mitos tersebut dan berupaya mencari penjelasan yang lebih rasional dan logis tentang alam semesta dan kehidupan manusia (Ewing, 2013, hlm. 9–10).

Filsafat, sejak zaman kuno hingga kini, telah menjadi lentera bagi manusia dalam menelusuri misteri alam semesta dan keberadaan diri. Ia adalah sebuah perjalanan intelektual yang tak pernah berhenti untuk mempertanyakan, menganalisis, dan mencari jawaban atas pertanyaan-pertanyaan fundamental tentang kehidupan, pengetahuan, realitas, dan nilai-nilai. Filsafat tidak sekadar memberikan jawaban yang pasti, melainkan lebih kepada sebuah proses penyelidikan yang terus-menerus. Melalui metode berpikir kritis dan rasional, para filsuf berusaha menggali lebih dalam di balik permukaan fenomena, mencari esensi dan makna yang tersembunyi. Dengan demikian, filsafat menjadi sebuah upaya manusia untuk memahami hakikat dirinya dan tempatnya di dalam kosmos (Katsoff, 1987, hlm. 3–4).

Filsafat tidak puas dengan pengetahuan yang dangkal atau opini yang populer. Ia senantiasa meragukan asumsi-asumsi yang sudah mapan dan mencari bukti-bukti yang kuat untuk mendukung setiap klaim. Proses pencarian kebenaran ini seringkali melibatkan dialog yang intens, di mana para filsuf saling bertukar pikiran dan menguji argumen satu sama lain. Melalui dialog, filsafat tidak hanya memperkaya pemahaman tentang dunia, tetapi juga melatih manusia untuk berpikir secara lebih terbuka dan toleran terhadap pandangan orang lain (Lubis, 2015, hlm. 7).

Plato, Salah satu filsuf Yunani Kuno yang begitu berpengaruh, melihat filsafat sebagai petualangan intelektual yang tak kenal lelah dalam mengejar pemahaman yang lebih mendalam tentang dunia dan segala isinya. Filsafat bukan hanya sekadar studi akademik, tetapi juga merupakan cara hidup. Seorang pembelajar filsafat berusaha untuk menerapkan pengetahuan filsafatnya dalam kehidupan sehari-hari. Seorang pembelajar filsafat tidak puas dengan pengetahuan yang dangkal atau opini yang populer. Ia terus menggali lebih dalam, menanyakan pertanyaan-pertanyaan kritis, dan meragukan asumsi-asumsi yang sudah mapan. Baginya, kebenaran bukanlah sesuatu yang statis, melainkan sesuatu yang terus berkembang dan perlu diuji secara terus-menerus. Dengan demikian, seorang pembelajar filsafat senantiasa berada dalam mode penyelidikan, selalu mencari petunjuk baru dan perspektif yang lebih luas untuk memperkaya pemahamannya tentang realitas (Anam, 2021, hlm. 40–41).

Filsafat adalah sebuah upaya untuk melihat melampaui apa yang tampak secara kasat mata. Alih-alih terjebak dalam dunia indra yang seringkali menipu, filsafat mengajak kita untuk menggali makna yang lebih dalam dari realitas. Dunia filsafat mengajak kita untuk mencari esensi atau bentuk ideal di balik segala sesuatu yang tampak, seperti yang Plato sebut sebagai "dunia ide". Dengan kata lain, filsafat mengajak kita untuk merenung, untuk mencari tahu "apa itu sebenarnya?" di balik setiap fenomena. Melalui proses refleksi yang mendalam, filsafat berusaha untuk memahami struktur dasar dari kenyataan dan menemukan hubungan antara berbagai hal yang kelihatannya berbeda. Dengan demikian, filsafat menjadi sebuah perjalanan spiritual yang tak pernah berakhir, sebuah usaha untuk menemukan makna yang lebih luas dan mendalam dari kehidupan (Anam, 2021, hlm. 39–40).

B. Sejarah Interaksi dan Pengaruh Filsafat terhadap Ilmu Kalam

Awal mula perkenalan dunia Islam dengan khazanah filsafat Yunani adalah pada abad ke-8 dan 9 Masehi, ketika Kekhalifahan Abbasiyah mencapai puncak kejayaannya, terjadi sebuah pergeseran paradigma dalam dunia Islam. Khalifah-khalifah Abbasiyah, seperti al-Mansur dan al-Ma'mun, tidak hanya fokus pada urusan pemerintahan dan agama, tetapi juga memiliki minat yang besar terhadap ilmu pengetahuan dan kebudayaan. Mereka menyadari pentingnya pengetahuan untuk memajukan peradaban Islam (Sahrodi, 2021, hlm. ix).

Minat yang besar terhadap ilmu pengetahuan ini mendorong para khalifah untuk membuka diri terhadap berbagai pemikiran, termasuk filsafat Yunani. Mereka kemudian menginisiasi sebuah proyek ambisius: menerjemahkan sejumlah besar karya filsafat Yunani ke dalam bahasa Arab. Kota-kota besar seperti Baghdad, yang menjadi pusat kekuasaan Abbasiyah, pun berubah menjadi pusat kegiatan intelektual. Di sana, para ahli bahasa dan ilmuwan bekerja keras menerjemahkan karya-karya Aristoteles, Plato, dan filsuf Yunani lainnya (Ibrahim, 2023, hlm. 90).

Kota Baghdad, sebagai pusat kekhalifahan Abbasiyah, menjadi jantung dari kegiatan intelektual ini. Di bawah naungan para khalifah yang mendukung penuh, para ahli bahasa dan ilmuwan Muslim dari berbagai penjuru dunia Islam berkumpul di sini. Mereka bekerja tanpa lelah menerjemahkan karya-karya monumental dari para filsuf Yunani seperti Aristoteles, Plato, dan Plotinus. Bukan hanya karya-karya filsafat murni yang diterjemahkan, tetapi juga karya-karya yang membahas tentang logika, metafisika, etika, ilmu alam, dan bahkan kedokteran. Proses penerjemahan ini bukan sekadar memindahkan kata demi kata, tetapi juga melibatkan pemahaman mendalam terhadap konsep-konsep yang terkandung di dalamnya, kemudian menterjemahkannya ke dalam bahasa Arab dengan sedemikian rupa sehingga makna aslinya tetap terjaga (Ibrahim, 2023, hlm. 89).

Penyebaran filsafat Yunani di dunia Islam tidak berhenti pada proses penerjemahan. Setelah karya-karya tersebut diterjemahkan, mereka kemudian disebarluaskan ke berbagai penjuru dunia Islam. Salah satu faktor yang sangat penting dalam proses penyebaran ini adalah didirikannya lembaga-lembaga pendidikan tinggi seperti Rumah Kebijaksanaan (*Bayt al-Hikmah*) di Baghdad. Lembaga ini tidak hanya berfungsi sebagai perpustakaan yang menyimpan ribuan manuskrip, tetapi juga sebagai pusat studi dan penelitian. Di sini, para pelajar dan ilmuwan dari berbagai latar belakang dapat mengakses dan mempelajari karya-karya filsafat Yunani. Selain itu, para ilmuwan Muslim juga menulis komentar dan ulasan terhadap karya-karya tersebut, sehingga memicu diskusi dan perdebatan yang semakin memperkaya khazanah intelektual Islam. Dengan demikian, filsafat Yunani tidak hanya menjadi bagian dari peradaban Islam, tetapi juga menjadi salah satu kekuatan pendorong bagi perkembangan ilmu pengetahuan dan pemikiran di dunia Islam (Ibrahim, 2023, hlm. 89).

Karya-karya filsafat Yunani yang telah diterjemahkan ini kemudian menjadi rujukan penting bagi para intelektual Muslim. Para ilmuwan Muslim dengan antusias mempelajari dan menganalisis pemikiran-pemikiran para filsuf Yunani. Mereka menemukan banyak kesamaan antara filsafat Yunani dengan pemikiran Islam, terutama dalam hal pencarian kebenaran dan pemahaman tentang alam semesta (Ruzakki & Maimunah, 2021, hlm. 37–38).

Pengaruh filsafat Yunani terhadap perkembangan pemikiran Islam begitu signifikan sehingga membentuk lanskap intelektual dunia Islam selama berabad-abad. Para filsuf Muslim yang hidup pada masa keemasan Islam, seperti al-Kindi, al-Farabi, Ibn Sina, dan Ibn Rushd, tidak hanya sekadar menerjemahkan karya-karya filsafat Yunani, tetapi juga melakukan sintesis yang mendalam antara filsafat Yunani dengan ajaran Islam. Mereka melihat bahwa ada keselarasan antara pencarian rasional terhadap kebenaran dalam filsafat Yunani dengan upaya memahami makna kehidupan dan hubungan manusia dengan Tuhan dalam Islam (Sahrodi, 2021, hlm. ix–x).

Para filsuf Muslim ini mengembangkan berbagai konsep filsafat Islam yang unik, dengan tetap merujuk pada pemikiran para filsuf Yunani. Konsep-konsep seperti wujud, sifat Tuhan, jiwa, dan kenabian, yang merupakan konsep-konsep sentral dalam Islam, dielaborasi lebih lanjut dengan menggunakan alat-alat analisis yang berasal dari filsafat Yunani. Misalnya, dalam membahas tentang keberadaan Tuhan, para filsuf Muslim menggunakan argumen-argumen ontologis yang mirip dengan yang dikemukakan oleh para filsuf Yunani. Sementara itu, dalam membahas tentang jiwa, mereka menggabungkan konsep jiwa dalam Islam dengan teori-teori tentang jiwa yang dikembangkan oleh Aristoteles dan Plato (Ruzakki & Maimunah, 2021, hlm. 33–34).

Selain mempengaruhi filsafat Islam secara umum, filsafat Yunani juga memberikan dampak yang sangat besar terhadap perkembangan ilmu kalam. Ilmu kalam sebagai disiplin ilmu dalam Islam yang membahas tentang masalah-masalah keagamaan dengan menggunakan metode rasional. Para ahli kalam menggunakan logika Aristoteles untuk menganalisis teks-teks agama dan membangun argumen-argumen yang kuat. Mereka juga menggunakan konsep-konsep filsafat Yunani seperti substansi, atribut, dan kausalitas untuk membahas masalah-masalah teologis yang kompleks (Sahrodi, 2021, hlm. xi).

C. Persamaan dan Perbedaan Filsafat dan Ilmu Kalam

Terdapat kesamaan Filsafat dan ilmu kalam, meskipun memiliki fokus kajian yang berbeda, memiliki akar yang sama dalam pencarian akan kebenaran. Keduanya adalah disiplin ilmu yang bertujuan untuk memahami realitas yang kompleks dan beragam. Baik filsuf maupun ahli kalam sama-sama terdorong oleh rasa ingin tahu yang mendalam tentang alam semesta, kehidupan, dan keberadaan Tuhan (Nasar, 2015, hlm. 24). Mereka berusaha untuk menemukan jawaban atas pertanyaan-pertanyaan fundamental yang telah lama membingungkan manusia, seperti "Apa itu kebenaran?", "Bagaimana kita mengetahui sesuatu?", dan "Apa tujuan hidup?".

Kedua, baik filsafat maupun ilmu kalam menempatkan akal dan logika sebagai alat utama dalam mencapai pemahaman. Keduanya menggunakan metode-metode berpikir yang rasional dan sistematis untuk menganalisis berbagai fenomena dan membangun argumen-argumen yang kuat. Meskipun demikian, cara keduanya menggunakan akal dan logika memiliki nuansa yang berbeda. Filsafat cenderung lebih terbuka terhadap berbagai kemungkinan interpretasi dan lebih menekankan pada analisis konseptual. Sementara itu, ilmu kalam lebih terikat pada teks-teks agama dan berusaha untuk mempertahankan ortodoksi (Komarudin, 2015, hlm. 30).

Ketiga, baik filsuf maupun ahli kalam sama-sama berusaha membangun sistem pemikiran yang koheren dan logis. Mereka berupaya menyusun berbagai ide dan konsep menjadi sebuah kesatuan yang utuh dan dapat menjelaskan berbagai aspek realitas. Baik filsafat maupun ilmu kalam memiliki ambisi untuk menciptakan sebuah kerangka berpikir yang dapat digunakan untuk memahami dunia dan pengalaman manusia. Dengan demikian, keduanya dapat dikatakan sebagai upaya manusia untuk memberikan makna pada kehidupan dan mencari tempat yang tepat dalam alam semesta (Komarudin, 2015, hlm. 29–30).

Tetapi, meskipun memiliki persamaan, filsafat dan ilmu kalam juga memiliki perbedaan yang signifikan. Pertama, filsafat memiliki cakupan yang lebih luas dibandingkan ilmu kalam. Filsafat membahas berbagai aspek kehidupan, mulai dari ontologi (studi tentang Ada), epistemologi (studi tentang pengetahuan), etika. Sementara itu, ilmu kalam lebih fokus pada masalah-masalah keagamaan dan teologis. Kedua, filsafat cenderung lebih bersifat spekulatif dan terbuka terhadap berbagai kemungkinan interpretasi, sedangkan ilmu kalam lebih terikat pada teks-teks agama dan berusaha untuk mempertahankan ortodoksi agama. Ketiga, metode yang digunakan dalam filsafat dan ilmu kalam juga berbeda. Filsafat lebih menekankan pada analisis konseptual dan argumen logis, sedangkan ilmu kalam seringkali menggunakan metode-metode interpretasi teks agama dan konsensus ulama (Nasar, 2015, hlm. 12–15).

D. Latihan Soal

1. Jelaskan bagaimana proses perkenalan dunia Islam dengan filsafat Yunani dan apa dampaknya terhadap perkembangan ilmu kalam?
2. Sebutkan dan jelaskan 3 persamaan antara filsafat dan ilmu kalam. Berikan contoh konkret dari masing-masing persamaan tersebut.
3. Apa yang membedakan filsafat dan ilmu kalam dalam hal metode yang digunakan? Jelaskan dengan memberikan contoh konkret dari masing-masing disiplin ilmu.
4. Bagaimana para filsuf Muslim seperti al-Kindi, al-Farabi, Ibn Sina, dan Ibn Rushd berusaha menyinergikan filsafat Yunani dengan ajaran Islam? Jelaskan dengan memberikan contoh konsep yang mereka kembangkan.
5. Menurut Anda, apakah pengaruh filsafat Yunani terhadap ilmu kalam bersifat positif atau negatif? Jelaskan alasan Anda dengan merujuk pada sejarah perkembangan kedua disiplin ilmu.

BAB 3
METODE-METODE DALAM ILMU KALAM

A. Dasar Metode-metode dalam Ilmu Kalam

Ilmu kalam, sebagai disiplin ilmu yang mendalami persoalan-persoalan keagamaan secara rasional, memiliki dua sumber utama sebagai rujukan utama dalam membangun argumentasi dan penafsiran. Pertama adalah Al-Qur'an, kitab suci umat Islam yang dianggap sebagai wahyu dari Allah SWT. Kedua adalah Hadis, kumpulan sabda, perbuatan, dan persetujuan Nabi Muhammad SAW. Kedua sumber ini menjadi landasan fundamental bagi para ulama ilmu kalam dalam merumuskan berbagai doktrin dan menjawab pertanyaan-pertanyaan teologis (Bahaf, 2008, hlm. 9).

Al-Qur'an dan Hadis sebagai teks suci mengandung berbagai ayat dan hadis yang seringkali bersifat umum atau mengandung makna yang mendalam. Para ulama ilmu kalam memiliki peran penting dalam menginterpretasikan teks-teks tersebut. Mereka menggunakan berbagai metode tafsir untuk menggali makna yang terkandung di dalamnya, baik secara literal maupun maknanya yang lebih luas. Tujuannya adalah untuk memahami maksud Allah SWT dan menerapkannya dalam kehidupan sehari-hari (Bahaf, 2008, hlm. 28–29).

Selain mengandalkan teks suci, ilmu kalam juga memberikan ruang yang sangat besar bagi penggunaan akal dalam memahami agama. Akal dianggap sebagai anugerah Tuhan yang dapat digunakan untuk berpikir, menganalisis, dan mencari kebenaran. Para ulama ilmu kalam menggunakan akal untuk menafsirkan teks-teks suci, menyusun argumentasi, dan membangun sistematika pemikiran yang koheren (Bahaf, 2008, hlm. 28–29).

Dalam ilmu kalam, terdapat upaya untuk menyeimbangkan antara wahyu yang terkandung dalam Al-Qur'an dan Hadis dengan penggunaan akal. Akal tidak boleh bertentangan dengan wahyu, tetapi juga tidak boleh dikesampingkan. Para ulama ilmu kalam berupaya mencari harmoni antara keduanya, sehingga menghasilkan pemahaman agama yang komprehensif dan rasional (Bahaf, 2008, hlm. 28–29).

B. Metode Rasional dalam Ilmu Kalam

Metode rasional merupakan salah satu pendekatan utama yang digunakan para ulama ilmu kalam dalam memahami dan menjelaskan ajaran agama. Metode ini menempatkan akal sebagai alat yang sangat penting dalam menggali makna yang terkandung dalam teks-teks suci seperti Al-Qur'an dan hadis. Dengan menggunakan logika, filsafat, dan ilmu pengetahuan lainnya, para ulama berusaha membangun argumentasi yang kuat dan sistematis untuk mendukung keyakinan mereka (Sahrodi, 2021, hlm. 6).

Tujuan utama dari metode rasional dalam ilmu kalam adalah untuk memberikan penjelasan yang rasional dan logis tentang ajaran agama. Dengan menggunakan metode ini, para ulama berharap dapat meyakinkan orang-orang tentang kebenaran agama dan menanggapi berbagai tantangan pemikiran yang muncul. Selain itu, metode rasional juga bertujuan untuk menyusun sistematika pemikiran yang koheren dan sistematis tentang agama, sehingga memudahkan umat Islam untuk memahami dan mengamalkan ajarannya (Afifah, 2024, hlm. 131).

Logika menjadi alat utama dalam metode rasional. Para ulama ilmu kalam menggunakan prinsip-prinsip logika untuk menganalisis dalil-dalil, menyusun silogisme, dan menghindari kontradiksi dalam pemikiran mereka. Selain logika, filsafat juga berperan penting dalam memberikan kerangka berpikir yang lebih luas. Filsafat membantu para ulama untuk merenungkan tentang keberadaan Tuhan, sifat-sifat-Nya, hubungan manusia dengan Tuhan, dan berbagai persoalan metafisika lainnya (Taufik, 2018, hlm. 34–35).

Singkatnya, metode rasional dalam ilmu kalam merupakan upaya untuk memahami agama dengan menggunakan akal dan logika. Metode ini bertujuan untuk membangun pemahaman yang rasional, sistematis, dan koheren tentang ajaran agama.

C. Metode Teksual dalam Ilmu Kalam

Metode tekstual adalah salah satu pendekatan fundamental dalam ilmu kalam yang menempatkan teks-teks suci, terutama Al-Qur'an dan Hadis, sebagai sumber utama pengetahuan agama. Para ulama ilmu kalam meyakini bahwa kebenaran agama secara utuh terkandung dalam teks-teks tersebut. Oleh karena itu, mereka mencurahkan perhatian besar dalam mengkaji, memahami, dan menafsirkan setiap kata, kalimat, dan ayat yang terdapat di dalamnya (Sahrodi, 2021, hlm. xiv).

Dalam metode tekstual, para ulama tidak hanya berfokus pada makna literal atau harfiah dari teks, tetapi juga berusaha menggali makna kontekstualnya. Mereka memperhatikan latar belakang sejarah, sosial, dan budaya saat ayat atau hadis tersebut diturunkan. Dengan demikian, diharapkan dapat diperoleh pemahaman yang lebih mendalam dan akurat tentang maksud yang ingin disampaikan oleh Allah SWT atau Nabi Muhammad SAW (Yasin et al., 2014, pp. 163–164).

Salah satu ciri khas metode tekstual adalah upaya untuk menghubungkan satu ayat atau hadis dengan ayat atau hadis lainnya. Para ulama berusaha mencari keselarasan dan koherensi antara berbagai teks suci. Dengan cara ini, mereka dapat membangun suatu sistematika pemahaman yang utuh dan menyeluruh tentang ajaran agama. Selain itu, metode ini juga digunakan untuk menyelesaikan berbagai persoalan yang muncul akibat perbedaan penafsiran terhadap suatu ayat atau hadis (Busyairi, 1991, hlm. 59).

Tujuan utama metode tekstual adalah untuk memahami dan menjelaskan ajaran agama secara akurat berdasarkan sumber-sumber yang autentik. Dengan memahami makna yang terkandung dalam Al-Qur'an dan Hadis, diharapkan umat Islam dapat mengamalkan ajaran agama dengan benar dan menghindari penyimpangan. Selain itu, metode tekstual juga bertujuan untuk menjaga kemurnian ajaran Islam dari berbagai pengaruh luar yang dapat merusak akidah (Busyairi, 1991, hlm. 59).

D. Metode Analogi dalam Ilmu Kalam

Metode analogi merupakan salah satu pendekatan yang menarik dalam ilmu kalam. Metode ini berusaha menghubungkan konsep-konsep abstrak dalam agama dengan fenomena alam atau kejadian sehari-hari yang mudah dipahami oleh manusia. Dengan menggunakan perbandingan atau analogi, para ulama ilmu kalam berharap dapat memberikan penjelasan yang lebih konkret dan mudah diterima tentang ajaran agama (Muniron, 2015, hlm. 29).

Konsep-konsep seperti sifat-sifat Tuhan, surga, neraka, atau kehidupan setelah kematian seringkali sulit dipahami secara langsung oleh akal manusia. Melalui metode analogi, para ulama mencoba menggambarkan konsep-konsep tersebut dengan menggunakan perbandingan dengan hal-hal yang familiar bagi manusia. Misalnya, untuk menjelaskan sifat Allah yang Maha Kuasa, mereka menggunakan analogi dengan kekuasaan seorang raja atau penguasa alam semesta (Muniron, 2015, hlm. 30–31).

Metode analogi banyak digunakan dalam berbagai bidang pembahasan dalam ilmu kalam, seperti tauhid, kenabian, dan akhirat. Misalnya, untuk menjelaskan konsep tauhid, para ulama menggunakan analogi dengan seorang pencipta yang menciptakan suatu karya seni. Atau, untuk menjelaskan konsep surga, mereka menggunakan analogi dengan taman yang indah dan penuh kenikmatan (Muniron, 2015, hlm. 30–33).

Meskipun metode analogi memiliki keunggulan dalam memperjelas pemahaman tentang ajaran agama, metode ini juga memiliki keterbatasan. Perbandingan yang digunakan dalam analogi tidak selalu sempurna dan dapat menimbulkan penafsiran yang berbeda-beda. Selain itu, ada kekhawatiran bahwa penggunaan analogi yang berlebihan dapat mengarah pada penyimpangan dari makna sebenarnya yang ingin disampaikan dalam teks suci. Oleh karena itu, metode analogi perlu digunakan dengan hati-hati dan dipadukan dengan metode-metode lainnya dalam ilmu kalam (Muniron, 2015, hlm. 33–34).

Singkatnya, metode analogi dalam ilmu kalam adalah upaya untuk menjembatani antara wahyu dan akal dengan cara membandingkan konsep-konsep agama dengan fenomena alam atau kehidupan sehari-hari. Meskipun metode ini memiliki keunggulan dalam memperjelas pemahaman, namun perlu digunakan dengan bijak dan dipadukan dengan metode-metode lainnya.

E. Metode Konsensus dalam Ilmu Kalam

Metode konsensus merupakan salah satu pendekatan yang penting dalam ilmu kalam. Metode ini menempatkan kesepakatan para ulama sebagai dasar dalam menentukan kebenaran suatu pendapat atau ajaran agama. Dengan kata lain, jika mayoritas ulama sepakat terhadap suatu pemahaman tertentu, maka pemahaman tersebut dianggap sebagai pendapat yang kuat dan dapat diandalkan (Mulyadi, 2007, hlm. 2).

Kesepakatan ulama dianggap penting karena para ulama dianggap sebagai ahli agama yang telah mendalami ilmu agama secara mendalam. Mereka memiliki pengetahuan yang luas tentang Al-Qur'an, Hadis, dan berbagai disiplin ilmu yang terkait dengan agama. Oleh karena itu, pendapat mereka dianggap memiliki otoritas yang tinggi dalam menjelaskan dan menafsirkan ajaran agama (Mulyadi, 2007, hlm. 3).

Metode konsensus banyak diterapkan dalam berbagai bidang pembahasan dalam ilmu kalam, seperti akidah, fiqh, dan akhlak. Misalnya, dalam menentukan hukum suatu tindakan, para ulama akan merujuk pada pendapat mayoritas ulama yang dianggap terpercaya. Selain itu, metode konsensus juga digunakan untuk menyelesaikan perbedaan pendapat di antara para ulama (Mulyadi, 2007, hlm. 4).

Meskipun metode konsensus memiliki peran penting dalam ilmu kalam, metode ini juga memiliki keterbatasan. Salah satu kritik terhadap metode konsensus adalah kemungkinan terjadinya penyalahgunaan, di mana pendapat mayoritas ulama dianggap sebagai kebenaran mutlak tanpa adanya kajian yang kritis. Selain itu, metode konsensus juga dapat menghambat perkembangan pemikiran agama, karena cenderung mempertahankan tradisi dan menghindari pandangan yang baru (Mulyadi, 2007, hlm. 5–6, 11).

Singkatnya, metode konsensus dalam ilmu kalam adalah upaya untuk mencapai kesepakatan di antara para ulama dalam memahami dan menjelaskan ajaran agama. Metode ini dianggap penting untuk menjaga kesatuan umat dan mencegah terjadinya perpecahan. Namun, metode ini juga perlu diimbangi dengan penggunaan akal dan kajian yang kritis, agar tidak menghambat perkembangan pemikiran agama.

F. Latihan Soal

1. Jelaskan bagaimana metode rasional dapat digunakan untuk membuktikan keberadaan Tuhan? Berikan

contoh argumentasi yang kuat berdasarkan logika dan filsafat.

2. Apa yang dimaksud dengan penafsiran kontekstual dalam metode tekstual? Jelaskan dengan memberikan contoh penafsiran terhadap suatu ayat Al-Qur'an yang memperhatikan latar belakang sejarah dan sosial saat ayat tersebut diturunkan.
3. Gunakan metode analogi untuk menjelaskan konsep "qada dan qadar". Bandingkan konsep ini dengan suatu fenomena alam atau kejadian sehari-hari yang dapat membantu kita memahami keterlibatan Allah dalam kehidupan manusia.
4. Jelaskan pentingnya metode rasional dalam memahami dan menjelaskan ajaran agama? Berikan contoh kasus di mana metode rasional digunakan untuk menyelesaikan suatu permasalahan.

BAB 4
ILMU KALAM ALIRAN KHAWARIJ

A. Sejarah dan Implikasi Kemunculan Khawarij

Khawarij adalah salah satu kelompok Islam awal yang muncul akibat perpecahan setelah wafatnya Nabi Muhammad SAW. Munculnya aliran ini erat kaitannya dengan peristiwa politik yang terjadi pada masa pemerintahan Khalifah Ali bin Abi Thalib (Kiswati, 2014, hlm. 20).

Perang Shiffin pada tahun 657 M menjadi titik awal munculnya Khawarij. Dalam perang ini, pasukan Ali berhadapan dengan pasukan Muawiyah. Ketika pasukan Ali hampir menang, pasukan Muawiyah menggunakan strategi licik dengan menancapkan Al-Qur'an pada ujung tombak mereka. Hal ini membuat sebagian besar pasukan Ali menghentikan peperangan karena menganggap tidak pantas berperang sambil membawa Al-Qur'an (Taufik, 2018, hlm. 10).

Sikap sebagian pasukan Ali yang menghentikan perang ini kemudian memunculkan perdebatan. Ali kemudian menyetujui usulan untuk melakukan tahkim (*arbitrase*) dengan Muawiyah guna menyelesaikan konflik. Keputusan ini tidak disetujui oleh sebagian besar pasukan Ali yang merasa bahwa tahkim adalah tindakan yang menyalahi syariat Islam (Kiswati, 2014, hlm. 20).

Kelompok yang menolak tahkim ini kemudian memisahkan diri dari pasukan Ali dan membentuk kelompok baru yang dikenal sebagai Khawarij. Mereka menganggap bahwa Ali telah melakukan dosa besar dengan menyetujui tahkim dan oleh karena itu, Ali telah keluar dari Islam. Khawarij kemudian melakukan pemberontakan terhadap Ali dan Muawiyah (Muniron, 2015, hlm. 11).

Nama "Khawarij" sendiri berasal dari kata "kharij" yang berarti "keluar" atau "memisahkan diri". Mereka merupakan kelompok yang memisahkan diri dari kelompok mayoritas umat Islam pada masa itu, terutama setelah peristiwa tahkim yang melibatkan Khalifah Ali bin Abi Thalib. Penamaan ini sangat tepat untuk menggambarkan tindakan mereka yang secara tegas memisahkan diri dari kelompok mayoritas umat Islam pada masa itu. Pemisahan diri ini terjadi dalam konteks politik yang sangat kompleks pada masa pemerintahan Khalifah Ali bin Abi Thalib (Kiswati, 2014, hlm. 27).

Keputusan Khawarij untuk memisahkan diri dari kelompok mayoritas umat Islam memiliki konsekuensi yang sangat signifikan dan berdampak jangka panjang terhadap perjalanan sejarah Islam. Pemisahan diri ini bukan sekadar perpecahan biasa, melainkan menjadi titik awal dari fragmentasi yang lebih luas dalam tubuh umat Islam. Khawarij, dengan ideologi mereka yang radikal dan sikap oposisi yang keras, menjadi salah satu faktor utama yang memicu perselisihan dan konflik internal dalam komunitas Muslim (Basri et al., 2006, hlm. 13).

Sikap Khawarij yang sangat kritis terhadap kepemimpinan politik pada masa itu, terutama terhadap Khalifah Ali bin Abi Thalib, telah menciptakan iklim politik yang penuh ketidakstabilan. Mereka seringkali melakukan pemberontakan dan tindakan kekerasan yang bertujuan untuk menggulingkan pemerintahan yang dianggap menyimpang dari ajaran Islam menurut pandangan mereka. Hal ini tentu saja memicu reaksi keras dari pihak penguasa dan kelompok-kelompok Islam lainnya, sehingga semakin memperuncing konflik dan permusuhan (Hamdani et al., 2010, hlm. 23-24).

Ajaran-ajaran Khawarij yang sangat kaku dan ekstrem, terutama dalam hal takfir, telah memberikan kontribusi besar terhadap radikalisasi dalam Islam. Konsep takfir yang mereka kemukakan, yaitu dengan mudahnya menyatakan seseorang keluar dari Islam karena melakukan dosa besar, telah melahirkan sikap intoleransi dan kekerasan yang mengatasnamakan agama. Pandangan seperti ini sangat berbahaya karena dapat memicu permusuhan antar sesama Muslim dan memicu terjadinya perang saudara (Muniron, 2015, hlm. 45–46).

Selain itu, ajaran-ajaran Khawarij juga telah mempengaruhi perkembangan pemikiran teologis dalam Islam. Perdebatan sengit mengenai masalah-masalah keagamaan, seperti tauhid, iman, dan hukum, semakin intensif akibat munculnya kelompok Khawarij. Meskipun demikian, pengaruh Khawarij dalam bidang teologi lebih bersifat negatif, karena mereka cenderung mengedepankan interpretasi yang sempit dan literal terhadap teks-teks agama, sehingga mengabaikan konteks historis dan sosial (Sahrodi, 2021, hlm. 23–24).

Meskipun kelompok Khawarij telah lama lenyap dari panggung sejarah, namun warisan mereka masih terasa hingga saat ini. Ideologi Khawarij yang radikal dan intoleran telah menjadi salah satu akar dari berbagai gerakan ekstremis yang muncul di berbagai belahan dunia. Kelompok-kelompok teroris yang mengatasnamakan Islam seringkali mengadopsi pandangan-pandangan yang mirip dengan Khawarij, seperti takfir, jihad, dan kebencian terhadap kelompok lain (Muniron, 2015, hlm. 45–46).

B. Tokoh-tokoh Khawarij

Khawarij, sebagai sebuah kelompok yang muncul akibat perpecahan dalam Islam, memiliki sejumlah tokoh yang cukup berpengaruh dalam sejarahnya. Meskipun tidak ada satu tokoh sentral yang diakui secara universal sebagai pemimpin Khawarij, namun beberapa nama kerap disebut dalam konteks sejarah kelompok ini (Komarudin, 2015, hlm. 42).

Salah satu tokoh awal yang cukup menonjol adalah Abdullah bin Wahab al-Rasibi. Ia dianggap sebagai salah satu tokoh kunci dalam pembentukan ideologi Khawarij. Al-Rasibi dikenal sangat tegas dalam pendiriannya dan memiliki pengaruh yang besar terhadap para pengikutnya. Selain al-Rasibi, tokoh-tokoh lain seperti Najdah bin Amir dan Abu Bakr al-Ahwal juga memiliki peran penting dalam perkembangan pemikiran Khawarij. Mereka adalah tokoh-tokoh yang sangat fanatik dan sering kali melakukan tindakan-tindakan ekstrem atas nama agama (Komarudin, 2015, hlm. 38) .

Tokoh-tokoh Khawarij memiliki peran yang sangat krusial dalam membentuk identitas dan arah gerak kelompok ini. Mereka adalah orang-orang yang merumuskan doktrin-doktrin Khawarij, menyebarkan ajaran-ajarannya, dan memimpin para pengikutnya dalam berbagai aksi. Tokoh-tokoh ini juga bertanggung jawab atas berbagai tindakan kekerasan yang dilakukan oleh Khawarij, seperti pemberontakan dan pembunuhan (Zuhri, 2013, hlm. 37–38).

C. Pokok-pokok Ajaran Khawarij

1. Takfir

Kaum Khawarij dikenal karena praktik takfir, yaitu tindakan mencap sesama Muslim sebagai kafir. Pandangan ini berakar dari keyakinan mereka bahwa setiap dosa besar secara otomatis membuat seseorang keluar dari Islam. Mereka memiliki pandangan yang sangat kaku tentang siapa yang dianggap sebagai Muslim sejati, menciptakan jarak yang lebar antara mereka yang dianggap benar dan mereka yang dianggap salah (Hasbi, 2015, hlm. 27).

Interpretasi teks-teks agama Islam secara literal menjadi dasar bagi praktik takfir ini. Khawarij menekankan pentingnya kepatuhan mutlak terhadap aturan agama. Akibatnya, mereka cenderung sangat ketat dalam menilai tindakan orang lain dan mudah menjatuhkan vonis kafir (Hasbi, 2015, hlm. 26).

Praktik takfir memiliki dampak yang sangat merusak bagi kohesi sosial dalam komunitas Muslim. Dengan mudahnya mencap orang lain sebagai kafir, Khawarij menciptakan suasana penuh kecurigaan dan perpecahan. Sikap tidak toleran ini seringkali memicu konflik dan kekerasan (Rubini, 2018, hlm. 101).

Selain itu, takfir juga menjadi alat politik bagi Khawarij. Dengan menyatakan pemimpin atau tokoh berpengaruh sebagai kafir, mereka dapat membenarkan pemberontakan. Hal ini menunjukkan bahwa takfir bukan hanya soal agama, tetapi juga soal kekuasaan (Hasbi, 2015, hlm. 28–29).

Pandangan Khawarij tentang takfir sangat berbeda dengan pandangan mayoritas umat Islam. Islam mengajarkan toleransi, kasih sayang, dan pentingnya memberikan kesempatan untuk bertaubat. Khawarij, dengan sikapnya yang kaku dan tidak fleksibel, justru menciptakan perpecahan dan menghambat persatuan umat (Rubini, 2018, hlm. 101–102).

Praktik takfir kaum Khawarij adalah contoh ekstrem dari interpretasi agama. Meskipun kelompok ini telah lama hilang, namun warisan pemikirannya masih relevan hingga kini. Pemahaman tentang takfir penting untuk memahami akar dari berbagai konflik yang terjadi di dunia Islam. Dengan mempelajari sejarah Khawarij, kita dapat belajar tentang pentingnya toleransi, dialog, dan pemahaman yang lebih baik terhadap perbedaan pendapat dalam agama (Sahrodi, 2021, hlm. xxxv).

2. Kriteria Keimanan yang Sempit

Khawarij memiliki pandangan yang sangat sempit tentang siapa yang dianggap sebagai Muslim sejati. Mereka menuntut kepatuhan mutlak terhadap aturan agama tanpa toleransi terhadap kesalahan. Bagi mereka, iman bukan sekadar keyakinan, tetapi juga tindakan yang harus sempurna.

Pandangan ini menciptakan tekanan besar bagi individu untuk menjadi "sempurna" secara agama (Bahaf, 2008, hlm. 48).

Kriteria keimanan yang ketat ini menyebabkan perpecahan dalam umat Islam. Mereka yang tidak memenuhi standar Khawarij sering dikucilkan dan dianggap sebagai musuh. Khawarij juga cenderung menggunakan kekerasan untuk menegakkan pandangan mereka. Sikap eksklusif dan tidak toleran ini membuat mereka sulit berdialog dengan kelompok Muslim lainnya (Bahaf, 2008, hlm. 48).

Singkatnya, Khawarij menciptakan lingkungan yang tidak inklusif dan penuh permusuhan. Pandangan mereka yang sempit tentang keimanan justru menghambat persatuan umat Islam.

3. Pemberontakan

Khawarij dikenal karena sering memberontak terhadap pemimpin Islam. Mereka percaya bahwa hanya mereka yang benar-benar mengikuti ajaran Islam yang berhak memimpin. Setiap pemimpin yang dianggap menyimpang dari ajaran Islam sejati menurut versi mereka, akan dilawan (Muniron, 2015, hlm. 10).

Pemberontakan bagi Khawarij bukan hanya tindakan politik, tapi juga kewajiban agama. Mereka melihat diri mereka sebagai penjaga sejati Islam dan siap menggunakan kekerasan untuk menegakkan keyakinan mereka. Dengan cara ini, Khawarij seringkali memanfaatkan ketidakpuasan masyarakat untuk menggalang dukungan dan menggulingkan pemerintahan yang ada (Muniron, 2015, hlm. 45).

Sikap pemberontak Khawarij ini telah memicu banyak konflik dalam sejarah Islam dan menimbulkan pertanyaan mendasar tentang siapa yang berhak memimpin dan bagaimana menafsirkan ajaran Islam. Warisan pemberontakan Khawarij terus relevan hingga kini, terutama dalam diskusi tentang otoritas dan pemerintahan dalam Islam (Muniron, 2015, p. 45).

4. Puritanisme

Kaum Khawarij dikenal dengan pendekatan mereka yang sangat ketat atau puritan terhadap Islam. Mereka percaya bahwa menjadi seorang Muslim sejati berarti mematuhi semua aturan agama secara mutlak tanpa kompromi. Pandangan ini menciptakan lingkungan yang sangat ketat, di mana setiap individu diawasi dan dinilai berdasarkan seberapa taatnya mereka pada aturan agama (Muniron, 2015, hlm. 50–51).

Khawarij menafsirkan Al-Quran dan Hadits secara literal, tanpa mempertimbangkan konteks sosial atau budaya. Mereka membagi dunia menjadi hitam putih: benar dan salah. Setiap penyimpangan dari aturan dianggap sebagai dosa besar. Akibatnya, muncul rasa takut dan ketidakamanan di kalangan pengikut mereka, karena mereka selalu merasa diawasi dan dinilai (Muniron, 2015, hlm. 50–51).

Puritanisme Khawarij tidak hanya memengaruhi kehidupan pribadi, tetapi juga pandangan mereka tentang masyarakat dan pemerintahan. Mereka menginginkan sebuah masyarakat yang sepenuhnya diatur oleh hukum Islam tanpa toleransi terhadap perbedaan pendapat. Pandangan ini membuat mereka seringkali berkonflik dengan kelompok Muslim lainnya dan menolak bentuk pemerintahan sekuler (Muniron, 2015, hlm. 50–51).

Sikap puritan ini juga melahirkan rasa superioritas di kalangan Khawarij. Mereka merasa lebih suci daripada Muslim lainnya dan seringkali mengucilkan mereka yang tidak sependapat. Akibatnya, terjadi perpecahan dalam umat Islam dan pemahaman yang sempit tentang Islam itu sendiri (Nasar, 2015, hlm. 64).

D. Latihan Soal

1. Jelaskan secara detail konsep takfir dalam ajaran Khawarij. Bagaimana penerapan konsep takfir ini dapat memicu konflik dan perpecahan dalam masyarakat? Berikan contoh konkret dari sejarah Islam.
2. Khawarij dikenal sebagai kelompok yang sangat puritan. Jelaskan apa yang dimaksud dengan puritanisme dalam konteks ajaran Khawarij. Bagaimana pandangan puritan ini mempengaruhi sikap dan tindakan mereka dalam bermasyarakat?
3. Peristiwa tahkim menjadi salah satu faktor pemicu munculnya kelompok Khawarij. Jelaskan bagaimana Khawarij memahami peristiwa tahkim dan mengapa mereka sangat menentang tindakan tersebut.
4. Analisislah dampak jangka panjang dari munculnya kelompok Khawarij terhadap perkembangan Islam. Bagaimana warisan pemikiran Khawarij masih relevan dengan situasi dunia Islam kontemporer?

BAB 5
ILMU KALAM ALIRAN SYIAH

A. Sejarah dan Implikasi Kemunculan Syiah

Asal-usul Syiah berawal dari tahun-tahun awal terbentuknya komunitas Islam, khususnya peristiwa penting setelah wafatnya Nabi Muhammad SAW di tahun 632 M. Periode ini ditandai dengan perdebatan sengit mengenai kepemimpinan yang sah bagi komunitas Muslim. Perdebatan ini berujung pada perpecahan besar yang pada akhirnya melahirkan aliran Syiah (Yasin et al., 2014, hlm. 128–129).

Dalam keyakinan Syiah, inti dari ajaran mereka adalah Ali bin Abi Thalib, sepupu dan menantu Nabi Muhammad. Syiah menganggap Ali sebagai penerus sah pertama Nabi. Mereka berkeyakinan bahwa kepemimpinan harus tetap berada dalam keluarga Nabi, khususnya melalui keturunannya, yang dikenal sebagai Ahl al-Bayt. Keyakinan ini menjadi fondasi teologi Syiah, yang menyatakan bahwa para Imam, pemimpin yang merupakan keturunan Ali, memiliki petunjuk ilahi dan tidak pernah salah dalam menafsirkan Islam (Nasar, 2015, hlm. 97).

Konflik awal mengenai kepemimpinan bermula dari pemilihan Abu Bakar sebagai khalifah pertama. Meskipun merupakan sahabat dekat Nabi Muhammad, pemilihan Abu Bakar memicu perdebatan. Banyak pengikut Ali merasa bahwa Ali adalah pilihan yang lebih tepat mengingat hubungan dekatnya dengan Nabi. Ketidaksetujuan ini menandai awal keretakan mendalam dalam komunitas Muslim, karena kelompok-kelompok mulai terbentuk berdasarkan dukungan mereka kepada Ali atau khalifah yang terpilih. Istilah Syiah, yang berasal dari frasa Arab "Shi'at Ali" yang berarti "kelompok Ali," muncul untuk mengidentifikasi mereka yang mendukung Ali dan klaim kepemimpinannya (Yasin et al., 2014, hlm. 129).

Situasi semakin memanas selama kekhalifahan Ali, yang dimulai pada tahun 656 M setelah pembunuhan khalifah ketiga, Utsman. Ali menghadapi banyak oposisi dan perselisihan internal, yang memuncak pada Fitnah Pertama, perang saudara yang menggarisbawahi perpecahan dalam komunitas Muslim. Konflik ini melibatkan berbagai faksi, termasuk mereka yang setia kepada Ali dan mereka yang mendukung Muawiyah, kerabat Utsman yang ingin membangun otoritasnya sendiri. Perpecahan semakin dalam dengan terjadinya Pertempuran Siffin pada tahun 657 M, yang berakhir dengan ketidakjelasan dan menyoroti sifat perpecahan negara Islam awal (Yasin et al., 2014, hlm. 130).

Setelah serangkaian tantangan politik dan militer, Ali dibunuh pada tahun 661 M. Putranya, Hasan, secara singkat menggantikannya, namun dipaksa untuk mundur demi Muawiyah, yang kemudian menjadi khalifah pertama dari Dinasti Umayyah. Transisi ini menandai titik balik yang signifikan bagi komunitas Syiah, karena garis keturunan Ali semakin terpinggirkan. Pemerintahan Umayyah menerapkan kebijakan yang semakin menjauhkan Syiah, yang berujung pada penganiayaan dan penguatan identitas Syiah di antara mereka yang tetap setia kepada keluarga Ali (Nasar, 2015, hlm. 102-103).

Seiring berkembangnya komunitas Syiah, landasan teologis mereka dibangun dengan menekankan konsep Imamah. Syiah percaya bahwa para Imam, dimulai dari Ali dan dilanjutkan melalui keturunannya, adalah pemimpin yang ditunjuk secara ilahi dengan hak untuk menafsirkan ajaran Islam. Keyakinan ini membedakan Islam Syiah dari tradisi Sunni, yang berpegang pada penafsiran kepemimpinan secara lebih komunal (Nasar, 2015, hlm. 102-103).

Singkatnya, asal-usul Syiah berasal dari perselisihan awal mengenai kepemimpinan setelah wafatnya Nabi Muhammad. Kesetiaan kepada Ali dan keturunannya, gejolak politik pada masa awal kekhalifahan, dan penetapan Imamah adalah elemen penting dalam memahami pembentukan identitas dan teologi Syiah (Hasbi, 2015, hlm. 36).

Kemunculan aliran Syiah telah meninggalkan jejak yang mendalam dalam sejarah Islam. Perbedaan fundamental antara Syiah dan Sunni dalam hal kepemimpinan dan interpretasi terhadap ajaran Islam telah memicu perpecahan yang berkelanjutan selama berabad-abad. Konflik-konflik yang timbul akibat perbedaan ini telah membentuk lanskap politik dan sosial di berbagai wilayah Islam, dari Timur Tengah hingga Asia Selatan. Peristiwa-peristiwa bersejarah seperti peristiwa Perang Shiffin dan Karbala menjadi saksi bisu betapa dalamnya perpecahan ini (Nasar, 2015, hlm. 102–103).

B. Tokoh-tokoh Syiah

Salah satu tokoh awal yang cukup menonjol adalah Abdullah bin Saba'. Ia dianggap sebagai salah satu tokoh kunci dalam pembentukan ideologi Syiah. Terdapat pandangan bahwa Abdullah bin Saba' adalah seorang Yahudi Yaman yang sengaja masuk Islam untuk menanamkan kultus individu kepada Ali bin Abi Thalib dan menjadi cikal bakal aliran Syiah. Pandangan yang mengaitkan Abdullah bin Saba' sebagai pendiri Syiah pertama kali muncul setelah beberapa abad setelah peristiwa yang dimaksud. Tokoh ini digambarkan sebagai seorang Yahudi yang masuk Islam dengan tujuan memecah belah umat Islam dan mendirikan aliran Syiah yang ekstrem (Nasar, 2015, hlm. 49).

Kemudian, Al-Shaykh al-Mufid, atau lengkapnya Muhammad bin Muhammad bin al-Nu'man, adalah seorang ulama besar Syiah yang hidup pada abad ke-4 dan ke-5 Hijriyah.

Beliau lahir di Baghdad dan wafat di sana. Al-Mufid dikenal sebagai salah satu ulama paling berpengaruh dalam sejarah Syiah (Abdullahi & Karimnejadi, 2022, hlm. 150).

Lalu, keluarga Al-Hilli adalah dinasti ulama Syiah yang sangat terkenal. Mereka berasal dari kota Hilla di Irak dan telah menghasilkan banyak ulama besar yang memiliki pengaruh yang sangat besar. Salah satu tokoh paling terkenal dari keluarga Al-Hilli adalah Ja'far bin Hasan al-Hilli. Beliau hidup pada abad ke-7 dan ke-8 Hijriyah .

C. Pokok-pokok Ajaran Syiah

1. Imamah

Konsep Imamah merupakan inti ajaran Syiah dan merupakan salah satu perbedaan teologis paling signifikan antara Syiah dan Islam Sunni. Dalam kepercayaan Syiah, Imamah mengacu pada posisi kepemimpinan yang ditetapkan oleh Tuhan, di mana para Imam, dimulai dengan Ali bin Abi Thalib, sepupu dan menantu Nabi Muhammad, dianggap sebagai penerus sah Nabi. Para Imam dipandang sebagai pemimpin yang tidak pernah salah dan ditunjuk oleh Tuhan yang tidak hanya memiliki otoritas spiritual tetapi juga kemampuan untuk menafsirkan ajaran dan hukum Islam (Jamaluddin & Anwar, 2020, hlm. 46).

Kepercayaan terhadap Imamah ini menggarisbawahi keyakinan Syiah bahwa kepemimpinan harus tetap berada di dalam keluarga Nabi, khususnya melalui keturunannya, yang dikenal sebagai *Ahl al-Bayt.* Umat Muslim Syiah berpendapat bahwa para Imam ini diberkahi dengan pengetahuan khusus dan wawasan spiritual, yang memungkinkan mereka untuk membimbing masyarakat dalam hal-hal yang berkaitan dengan iman dan praktik. Selain itu, Imamah dipandang sebagai kelanjutan dari misi kenabian, dengan setiap Imam berperan sebagai penghubung antara Tuhan dan masyarakat, memberikan bimbingan dan mencontohkan perilaku moral dan etika (Jamaluddin & Anwar, 2020, hlm. 46).

Kepercayaan ini menumbuhkan rasa kesetiaan dan penghormatan yang kuat terhadap para Imam, yang sering dianggap sebagai perantara antara Tuhan dan manusia. Konsep Imamah juga menekankan perlunya otoritas spiritual yang sah untuk menjaga integritas ajaran Islam, terutama di masa pergolakan politik dan kemerosotan moral. Akibatnya, komunitas Syiah memandang para Imam tidak hanya sebagai pemimpin politik tetapi juga sebagai tokoh penting dalam melestarikan hakikat Islam yang sejati, menjadikan konsep Imamah sebagai landasan identitas dan kepercayaan Syiah. Kerangka teologis ini memiliki implikasi yang mendalam bagi praktik keagamaan Syiah, kohesi komunitas, dan penafsiran hukum Islam, yang membedakan Syiah dari perspektif Sunni yang tidak mengakui garis kepemimpinan formal di luar khalifah (Hasbi, 2015, hlm. 45).

2. Ahlul Bait

Ahlul Bait, atau keluarga Nabi Muhammad SAW, memiliki kedudukan yang sangat istimewa dalam ajaran Syiah. Mereka dianggap sebagai sumber pengetahuan agama yang paling sahih dan terpercaya. Syiah meyakini bahwa hadis-hadis yang diriwayatkan oleh Ahlul Bait, terutama Ali bin Abi Thalib, Fatimah az-Zahra, Hasan, dan Husain, memiliki otoritas yang lebih tinggi dibandingkan hadis-hadis yang diriwayatkan oleh orang lain. Hal ini dikarenakan mereka dianggap sebagai keluarga terdekat Nabi yang paling memahami ajaran Islam secara mendalam. Dengan demikian, Ahlul Bait menjadi rujukan utama bagi umat Syiah dalam memahami dan mengamalkan ajaran Islam. Keyakinan ini menjadikan Ahlul Bait sebagai simbol kesucian dan kemurnian ajaran Islam dalam pandangan Syiah (Fadillah et al., 2022, hlm. 98).

Posisi sentral Ahlul Bait dalam ajaran Syiah menjadikan mereka sebagai rujukan utama bagi umat Syiah dalam memahami dan mengamalkan ajaran Islam. Umat Syiah meyakini bahwa melalui Ahlul Bait, ajaran Islam yang murni dan asli dapat diwariskan kepada generasi selanjutnya. Dengan demikian, Ahlul Bait bukan hanya sekedar keluarga Nabi, tetapi juga menjadi simbol dari kesucian dan kemurnian ajaran Islam. Penghargaan yang tinggi terhadap Ahlul Bait juga menjadi salah satu ciri khas yang membedakan Syiah dari aliran Islam lainnya (Hasbi, 2015, hlm. 49).

Keyakinan akan kedudukan istimewa Ahlul Bait memiliki implikasi yang signifikan terhadap praktik keagamaan Syiah. Umat Syiah seringkali mengacu pada hadis-hadis yang diriwayatkan oleh Ahlul Bait dalam berbagai aspek kehidupan, mulai dari ibadah hingga masalah sosial. Selain itu, ziarah ke makam Ahlul Bait juga menjadi bagian penting dari praktik keagamaan Syiah. Melalui ziarah, umat Syiah berharap dapat mendekatkan diri kepada Allah dan memperoleh berkah dari Ahlul Bait. Dengan demikian, Ahlul Bait tidak hanya menjadi rujukan teologis, tetapi juga menjadi pusat spiritual bagi umat Syiah (Hasbi, 2015, hlm. 49).

3. Konsep Maksum

Salah satu doktrin sentral dalam ajaran Syiah adalah konsep maksum yang melekat pada para Imam. Maksum dalam konteks ini berarti terpelihara dari segala bentuk dosa, kesalahan, dan kekeliruan. Syiah meyakini bahwa para Imam yang ditunjuk Allah SWT untuk memimpin umat, memiliki sifat maksum ini. Artinya, mereka dianggap sebagai manusia sempurna yang selalu bertindak sesuai dengan tuntunan agama dan tidak pernah menyimpang dari jalan yang benar. Kepercayaan ini didasarkan pada keyakinan bahwa para Imam adalah wakil Allah di dunia dan memiliki pengetahuan yang sempurna tentang agama (Fadillah et al., 2022, hlm. 93).

Konsep maksum memiliki implikasi yang sangat signifikan dalam kehidupan umat Syiah. Pertama, konsep ini memberikan otoritas mutlak kepada para Imam dalam menginterpretasikan ajaran Islam. Fatwa atau keputusan yang dikeluarkan oleh Imam dianggap sebagai hukum yang final dan tidak dapat diganggu gugat. Kedua, konsep maksum juga memperkuat posisi Imam sebagai pemimpin spiritual yang patut dicontoh dan diikuti. Umat Syiah dituntut untuk selalu taat dan patuh kepada Imam karena mereka dianggap sebagai sumber kebenaran yang tak pernah salah. Ketiga, konsep maksum juga menjadi dasar bagi pembentukan komunitas Syiah yang sangat solid dan loyal terhadap Imam (Fadillah et al., 2022, hlm. 98–99).

Konsep maksum, yang menempatkan para Imam sebagai sosok yang terbebas dari segala kesalahan dan dosa, memang memiliki implikasi yang sangat mendalam bagi ajaran dan praktik keagamaan Syiah. Namun, dari perspektif kritis, konsep ini juga memunculkan sejumlah permasalahan yang perlu diperhatikan (Fadillah et al., 2022, hlm. 99).

Konsentrasi Kekuasaan: Ketika seorang individu atau kelompok dianggap sebagai sumber kebenaran yang mutlak, maka secara tidak langsung kekuasaan terkonsentrasi di tangan mereka. Hal ini dapat memicu penyalahgunaan kekuasaan, korupsi, dan bahkan tindakan otoriter (Fadillah et al., 2022, pp. 105–106).

Pembatasan Kebebasan Berpendapat: Konsep maksum dapat membatasi kebebasan berpendapat dan berekspresi dalam komunitas Syiah. Kritik terhadap Imam atau ajaran yang dianggap berasal dari Imam seringkali dianggap sebagai tindakan yang menentang agama dan dapat berujung pada sanksi sosial atau bahkan kekerasan (Fadillah et al., 2022, hlm. 105–106).

D. Latihan Soal

1. Analisislah secara mendalam faktor-faktor yang menyebabkan munculnya perpecahan antara Sunni dan Syiah pada masa awal Islam. Bagaimana peristiwa-peristiwa sejarah seperti peristiwa Saqifah, pemilihan khalifah, dan perang Shiffin mempengaruhi pembentukan identitas kedua kelompok ini?
2. Bagaimana konsep imamah memandang peran perempuan?
3. Pertanyaan Epistemologi. Bagaimana kita bisa memastikan bahwa seseorang benar-benar maksum? Apakah ada kriteria objektif untuk mengukur kemaksuman seseorang?
4. Apakah konsep maksum sejalan dengan prinsip-prinsip rasionalitas dan logika? Bagaimana kita bisa membedakan antara wahyu dan pemikiran manusia?

BAB 6
ILMU KALAM ALIRAN MURJIAH

A. Sejarah dan Implikasi Kemunculan Murjiah

Aliran Murjiah muncul pada masa awal perkembangan Islam, tepatnya setelah wafatnya Nabi Muhammad SAW. Kemunculan aliran ini sangat erat kaitannya dengan berbagai peristiwa politik dan sosial yang terjadi pada masa itu, terutama perselisihan terkait kepemimpinan umat Islam setelah wafatnya Nabi. Para ahli sejarah memiliki perbedaan pendapat mengenai tahun pasti kemunculan Murjiah, namun secara umum dapat dikatakan bahwa aliran ini mulai terbentuk pada abad pertama Hijriah. Beberapa sumber menyebutkan bahwa Murjiah mulai muncul sebagai gerakan memiliki beberapa tokoh kunci yang turut mengembangkan dan menyebarkan pemikirannya. Meskipun tidak ada satu tokoh sentral yang diakui secara universal sebagai pendiri aliran ini, nama berikut ini sering dikaitkan dengan perkembangan Murjiah. Hasan bin Muhammad al-Hanafiyah: Cucu Ali bin Abi Thalib sering dianggap sebagai salah satu tokoh awal yang mengajarkan pandangan Murjiah. Ia dianggap sebagai sosok yang moderat dan menghindari pertikaian politik yang terjadi pada masa itu pada tahun 695 H (Sagala et al., 2024, hlm. 24).

Munculnya aliran Murjiah merupakan sebuah respons teologis terhadap pergolakan politik dan sosial yang mengguncang umat Islam pada masa pasca-Nabi. Periode ini, yang sering disebut sebagai masa fitnah, ditandai oleh perselisihan sengit mengenai kepemimpinan umat Islam, serta berbagai interpretasi terhadap ajaran-ajaran Islam. Di tengah gejolak ini, muncullah kelompok-kelompok ekstrem seperti Khawarij yang dengan tegas mengkafirkan siapa saja yang tidak sependapat dengan mereka, termasuk para khalifah yang dianggap menyimpang dari jalan yang benar. Dalam konteks inilah, Murjiah hadir sebagai sebuah alternatif yang lebih moderat, menawarkan interpretasi yang lebih inklusif dan toleran terhadap perbedaan pendapat (Basri et al., 2006, hlm. 26).

Peristiwa Tahkim, sebuah upaya arbitrase untuk menyelesaikan perselisihan antara Ali bin Abi Thalib dan Muawiyah bin Abu Sufyan, menjadi titik balik yang signifikan dalam sejarah Islam. Keputusan untuk menyerahkan penyelesaian konflik kepada pihak ketiga ini memicu reaksi keras dari kaum Khawarij yang menganggap tindakan tersebut sebagai bentuk penyimpangan dari ajaran Islam. Reaksi ekstrem Khawarij ini kemudian memicu munculnya berbagai kelompok lain, termasuk Murjiah, yang berusaha menawarkan solusi yang lebih damai dan bijaksana. Bagi Murjiah, peristiwa Tahkim menjadi sebuah pelajaran penting tentang bahaya dari sikap ekstrem dan pentingnya menjaga persatuan umat (Nasar, 2015, hlm. 73).

Ajaran pokok Murjiah berpusat pada konsep irja' atau penundaan. Mereka berpendapat bahwa hanya Allah SWT yang memiliki hak untuk menentukan status iman seseorang. Dengan kata lain, Murjiah tidak serta-merta mengkafirkan seseorang yang melakukan dosa besar, karena mereka percaya bahwa hanya Allah SWT yang mengetahui niat dan hati seseorang. Konsep irja' ini didasarkan pada keyakinan bahwa iman adalah anugerah dari Allah SWT yang tidak dapat hilang begitu saja karena perbuatan dosa. Murjiah juga menekankan pentingnya tauhid, yaitu keyakinan bahwa hanya Allah SWT yang berhak disembah (Nasar, 2015, hlm. 71–72).

Munculnya aliran Murjiah memiliki implikasi yang sangat signifikan bagi perkembangan politik dan sosial dalam Islam. Dengan menekankan pentingnya toleransi dan persatuan,

Murjiah berusaha untuk meredakan ketegangan dan konflik yang terjadi di tengah umat Islam. Ajaran Murjiah juga memberikan kontribusi yang penting dalam pengembangan ilmu kalam, yaitu ilmu yang membahas tentang masalah-masalah keagamaan secara rasional. Para teolog Murjiah berusaha untuk merumuskan doktrin-doktrin yang dapat diterima oleh akal sehat dan dapat mempersatukan umat Islam (Bahaf, 2008, hlm. 107–108).

Meskipun aliran Murjiah tidak lagi menjadi aliran yang dominan dalam Islam, namun warisan pemikiran mereka masih dapat dirasakan hingga saat ini. Konsep irja' dan penekanan pada pentingnya toleransi telah menjadi bagian integral dari pemikiran Islam moderat. Ajaran Murjiah juga telah memberikan inspirasi bagi berbagai gerakan reformasi Islam yang bertujuan untuk memperbarui pemikiran Islam agar lebih relevan dengan tantangan zaman. Dalam konteks dunia yang semakin plural dan multikultural, pemikiran Murjiah menawarkan sebuah perspektif yang inklusif dan toleran, yang dapat menjadi dasar bagi dialog antaragama dan peradaban (Bahaf, 2008, hlm. 107–108).

B. Tokoh-tokoh Murjiah

Hasan bin Muhammad al-Hanafiyah, cucu dari Ali bin Abi Thalib, merupakan sosok sentral yang sering dikaitkan dengan munculnya aliran Murjiah. Sebagai keturunan Rasulullah SAW melalui jalur Fatimah az-Zahra, ia memiliki pengaruh yang signifikan di kalangan umat Islam pada masanya. Meski tidak ada bukti konkret yang secara tegas menyatakan bahwa ia adalah pendiri aliran Murjiah, namun pandangan-pandangannya yang moderat dan cenderung menghindari pertikaian politik sangat sejalan dengan doktrin-doktrin utama Murjiah. Hasan bin Muhammad al-Hanafiyah dikenal sebagai sosok yang bijaksana dan menghindari keterlibatan dalam perselisihan politik yang terjadi pada masa setelah wafatnya Nabi Muhammad SAW. Sikapnya yang moderat ini membuatnya menjadi sosok yang dihormati oleh berbagai kelompok dalam Islam, termasuk oleh kelompok Murjiah yang kemudian menjadikan pandangan-pandangannya sebagai rujukan dalam mengembangkan pemikiran mereka. Meskipun demikian, penting untuk diingat bahwa pandangan-pandangan Hasan bin Muhammad al-Hanafiyah ini berkembang dalam konteks sejarah yang kompleks dan seringkali ditafsirkan secara berbeda-beda oleh para pengikutnya (Sagala et al., 2024, hlm. 26).

Kemudian, Yunus bin An-Namiri merupakan salah satu figur sentral dalam perkembangan aliran Murjiah. Sebagai seorang ulama yang alim dan produktif, ia telah memberikan kontribusi yang signifikan terhadap pemikiran dan praktik keagamaan dalam aliran ini. Karya-karyanya yang luas mencakup berbagai aspek ajaran Islam, mulai dari teologi hingga fiqih. Pandangan-pandangan Yunus bin An-Namiri, khususnya terkait dengan konsep iman dan amal, sangat khas. Ia cenderung menekankan aspek internal dari iman, yaitu keyakinan hati seseorang kepada Allah SWT. Menurutnya, iman yang sejati tidak dapat dilihat dari perbuatan lahiriah semata, melainkan dari kedalaman keyakinan seseorang. Oleh karena itu, ia meyakini bahwa seorang mukmin yang berbuat dosa besar tidak serta-merta keluar dari lingkaran keimanan. Pandangan ini sejalan dengan doktrin utama Murjiah yang mementingkan penundaan (*irja'*) dalam menghakimi status keimanan seseorang (Kiswati, 2014, hlm. 68).

C. Pokok-pokok Ajaran Murjiah

1. Pemisahan Iman dan Amal

Murjiah menempatkan iman sebagai fondasi utama keislaman yang berakar kuat dalam hati manusia. Mereka meyakini bahwa iman bukanlah sekadar pengakuan lisan atau pemahaman intelektual, melainkan keyakinan yang mendalam dan tulus yang tertanam dalam sanubari seseorang. Iman ini meliputi keyakinan akan keesaan Allah SWT, kenabian Muhammad SAW, serta keyakinan terhadap hari akhir dan segala hukum-hukum yang telah ditetapkan-Nya. Bagi Murjiah, iman adalah anugerah yang langsung diberikan oleh Allah SWT kepada hamba-Nya. Manusia tidak dapat memperoleh iman melalui usaha atau perbuatannya sendiri, meskipun demikian, manusia memiliki tanggung jawab untuk menjaga dan meningkatkan kualitas imannya melalui berbagai cara, seperti mempelajari Al-Quran, meneladani Rasulullah SAW, dan beribadah. Dengan kata lain, iman adalah karunia ilahi yang harus disyukuri dan dipelihara dengan sebaik-baiknya (Bahaf, 2008, hlm. 52).

Murjiah, dalam pemahaman mereka yang khas, membuat pemisahan yang tegas antara iman dan amal. Mereka berargumen bahwa iman seseorang, yang merupakan keyakinan hati yang mendalam terhadap rukun iman, bersifat abadi dan tidak terpengaruh oleh perbuatan baik maupun buruk yang dilakukan. Dengan kata lain, menurut Murjiah, seseorang yang telah beriman, imannya akan tetap utuh meskipun ia melakukan dosa besar sekalipun, selama ia masih mengakui dan meyakini rukun iman tersebut. Pandangan ini didasari oleh keyakinan mereka bahwa iman adalah anugerah dari Allah SWT yang tidak dapat hilang begitu saja. Akibatnya, Murjiah cenderung meremehkan pentingnya amal dalam kehidupan beragama dan lebih menekankan pada aspek internal dari iman, yaitu keyakinan hati (Bahaf, 2008, hlm. 52).

Pemisahan tegas antara iman dan amal yang dianut oleh Murjiah memiliki implikasi yang cukup signifikan, terutama dalam pemahaman mereka terhadap dosa. Dengan meyakini bahwa iman seseorang tidak terpengaruh oleh dosa yang dilakukan, Murjiah secara tidak langsung merelativisasi dosa. Dosa, dalam pandangan mereka, seolah-olah menjadi hal yang tidak terlalu signifikan atau bahkan dianggap sepele. Hal ini dikarenakan mereka berpendapat bahwa selama seseorang masih mengaku dan meyakini rukun iman, maka status keimanannya tetap utuh, terlepas dari banyaknya dosa yang diperbuat. Konsekuensi dari pandangan ini adalah munculnya kecenderungan untuk meremehkan dosa dan menganggap bahwa perbuatan dosa tidak akan berdampak buruk terhadap hubungan seseorang dengan Allah SWT. Akibatnya, muncullah potensi seseorang untuk melakukan dosa tanpa merasa bersalah atau takut akan akibatnya di akhirat (Bahaf, 2008, hlm. 52–53).

2. Penundaan (*Irja'*)

Konsep sentral dalam aliran Murjiah adalah irja' yang berarti penundaan atau penangguhan. Doktrin ini menjadi ciri khas yang membedakan Murjiah dari aliran-aliran Islam lainnya. Murji'ah meyakini bahwa penilaian terhadap status keimanan seseorang tidak dapat dilakukan oleh manusia di dunia ini, melainkan harus ditunda hingga hari kiamat. Mereka berpendapat bahwa hanya Allah SWT yang Maha Mengetahui dan Maha Adil yang berhak menentukan siapa yang benar-benar beriman dan siapa yang tidak. Dengan kata lain, Murjiah menolak untuk menghakimi atau mengkafirkan seseorang berdasarkan perbuatan dosa yang dilakukannya, sekalipun dosa tersebut besar. Mereka berargumen bahwa dosa tidak serta-merta menghapuskan iman seseorang, dan hanya Allah semata yang memiliki hak untuk menentukan nasib akhir hamba-Nya (Yasin et al., 2014, hlm. 17–18).

Pandangan Murjiah yang paling kontroversial adalah pandangan mereka mengenai dosa besar. Mereka berpendapat bahwa seorang Muslim yang melakukan dosa besar, bahkan dosa besar sekalipun, tidak serta-merta menjadi kafir dan keluar dari Islam. Murji'ah beralasan bahwa hanya Allah SWT yang Maha Mengetahui segala sesuatu, termasuk niat dan kondisi hati seseorang. Oleh karena itu, hanya Allah yang berhak menentukan status keimanan seseorang. Menurut mereka, dosa besar hanyalah pelanggaran terhadap syariat, namun tidak serta-merta menghapuskan iman seseorang jika ia masih mengakui keesaan Allah dan kenabian Muhammad SAW. Pandangan ini didasari oleh keyakinan mereka bahwa iman adalah anugerah dari Allah yang tidak mudah hilang, selama seseorang masih memiliki keyakinan di dalam hatinya (Yasin et al., 2014, hlm. 18).

3. Toleransi Dan Moderasi Dalam Beragama

Murjiah cenderung lebih toleran terhadap perbedaan pendapat di kalangan umat Islam. Mereka tidak mudah mengkafirkan orang yang memiliki pandangan berbeda dengan mereka, selama orang tersebut masih mengakui keesaan Allah dan kenabian Muhammad SAW. Sikap toleransi ini didorong oleh keyakinan mereka bahwa hanya Allah SWT yang mengetahui hati dan niat seseorang. Selain itu, Murjiah juga berusaha menghindari sikap ekstrem baik dalam masalah akidah maupun ibadah. Mereka lebih menekankan pada aspek-aspek yang menyatukan umat Islam, seperti tauhid, ibadah yang fardhu, dan akhlak yang mulia. Dengan demikian, Murjiah berupaya menciptakan suasana yang kondusif untuk hidup berdampingan secara damai dengan sesama Muslim, terlepas dari perbedaan pendapat yang ada (Parhan et al., 2024, hlm. 59).

Tetapi, Meskipun aliran Murjiah kerap dipuji atas penekanannya pada toleransi dan sikap moderat dalam memandang perbedaan pendapat di antara umat Islam, namun ajaran ini juga memiliki beberapa kelemahan yang perlu diperhatikan. Salah satu kritik utama terhadap Murjiah adalah kecenderungan mereka untuk terlalu menekankan aspek internal iman, sehingga mengabaikan pentingnya amal perbuatan dalam kehidupan seorang Muslim. Pandangan mereka yang memisahkan secara tegas antara iman dan amal dapat menimbulkan interpretasi yang keliru, di mana seseorang merasa cukup hanya dengan memiliki keyakinan di hati tanpa perlu berupaya untuk beramal saleh. Selain itu, penundaan dalam menghakimi status keimanan seseorang hingga hari kiamat juga dapat membuka peluang bagi penyalahgunaan agama. Beberapa individu mungkin akan memanfaatkan ajaran ini sebagai pembenaran untuk melakukan perbuatan dosa dengan dalih bahwa iman mereka tetap utuh. Oleh karena itu, penting bagi kita untuk memahami bahwa iman dan amal adalah dua sisi mata uang yang saling melengkapi, dan keduanya diperlukan untuk mencapai kesempurnaan dalam beragama (Parhan et al., 2024, hlm. 59–60).

Sedangkan, penekanan Murjiah pada iman batin seringkali dianggap terlalu individualistis karena pandangan mereka yang sangat subjektif terhadap iman. Aliran ini menempatkan pengalaman iman individu sebagai pusat perhatian, seolah-olah iman hanyalah sebuah realitas pribadi yang tidak terpengaruh oleh lingkungan sosial. Dengan fokus yang terlalu sempit pada pengalaman batin, Murjiah cenderung mengabaikan peran penting komunitas dalam membentuk dan memperkuat iman seseorang. Padahal, dalam konteks agama, komunitas berfungsi sebagai wadah untuk berbagi nilai-nilai, saling mendukung, dan menjalankan ibadah bersama. Akibatnya, pandangan Murjiah ini dapat menimbulkan kecenderungan bagi individu untuk mengisolasi diri dari masyarakat dan merasa bahwa hanya merekalah yang benar-benar memahami agama. Hal ini tentu saja bertentangan dengan semangat persaudaraan dan kebersamaan yang diajarkan dalam Islam. Dengan demikian, meskipun penekanan pada iman batin memiliki sisi positif dalam mendorong refleksi spiritual, namun pandangan Murjiah yang terlalu individualistis ini dapat mengarah pada pemahaman agama yang sempit dan terisolasi (Parhan et al., 2024, hlm. 59–60).

D. Latihan Soal

1. Jelaskan secara detail doktrin pemisahan antara iman dan amal dalam aliran Murjiah. Bagaimana doktrin ini mempengaruhi pemahaman mereka tentang dosa dan pahala? Apa saja implikasi dari doktrin ini terhadap motivasi seseorang dalam beribadah?
2. Apa yang dimaksud dengan konsep *irja'* dalam aliran Murjiah? Jelaskan bagaimana konsep ini mempengaruhi cara Murjiah memandang status keimanan seseorang. Apa saja kelebihan dan kekurangan dari konsep *irja'* ini?
3. Bagaimana aliran Murjiah mendemonstrasikan sikap toleransi dan moderasi dalam beragama? Berikan contoh-contoh konkret dari ajaran mereka yang mencerminkan sikap tersebut. Apa saja faktor yang mendorong Murjiah untuk menganut sikap toleransi dan moderasi?
4. Kritiklah pandangan Murjiah yang terlalu menekankan pada pengalaman iman individu. Bagaimana pandangan ini dapat melemahkan peran komunitas dalam membentuk dan memperkuat iman seseorang? Apa saja dampak negatif dari individualisme dalam pemahaman agama?

BAB 7
ILMU KALAM ALIRAN MU'TAZILAH

A. Sejarah dan Implikasi Kemunculan Mu'tazilah

Munculnya Mu'tazilah sebagai gerakan intelektual terkemuka dalam sejarah Islam dapat ditelusuri kembali ke abad kedua dan ketiga Hijriah (sekitar abad ke-8 dan ke-9 Masehi). Periode ini ditandai dengan berkembangnya perdebatan dan diskusi seputar isu-isu teologis dan filosofis kritis yang sangat penting bagi pembentukan pemikiran Islam. Latar belakang kebangkitan intelektual ini ditandai dengan kekaisaran Islam yang berkembang pesat yang menghadapi beragam budaya dan ide, yang mengarah ke lahan yang subur untuk penyelidikan filosofis. Mu'tazilah muncul sebagai respons terhadap dilema teologis dan sosial yang mendesak pada masanya, khususnya sebagai reaksi terhadap perdebatan sengit seputar sifat-sifat Allah, sifat Al-Qur'an, kehendak bebas manusia, dan tanggung jawab moral. Ketika para cendekiawan Muslim berusaha untuk mendamaikan iman dengan akal, Mu'tazilah memposisikan diri mereka sebagai pendukung rasionalisme, menekankan penggunaan intelek dalam penafsiran dan pemahaman ajaran agama (Hamdani et al., 2010, hlm. 64–65).

Kemunculan Mu'tazilah merupakan produk dari dinamika intelektual yang kompleks pada masa Abbasiyah. Saat berbagai aliran pemikiran saling bersaing untuk pengaruh, Mu'tazilah muncul sebagai sebuah gerakan yang berusaha membangun dasar rasional bagi keyakinan Islam. Mereka menolak pendekatan tradisional yang mengandalkan semata-mata pada otoritas agama, dan sebaliknya, menekankan pentingnya akal dalam memahami agama (Muniron, 2015, hlm. 15).

Terpengaruh oleh filsafat Yunani, terutama Aristoteles, Mu'tazilah mengembangkan metode berpikir yang lebih kritis dan sistematis. Mereka menggabungkan logika dan filsafat Yunani dengan ajaran Islam untuk menciptakan sebuah kerangka pemikiran yang lebih komprehensif. Dengan demikian, Mu'tazilah tidak hanya menjadi bagian dari perdebatan teologis, tetapi juga berperan sebagai jembatan antara pemikiran Islam dan tradisi intelektual dunia lainnya (Muniron, 2015, hlm. 16).

Dalam konteks sosial yang lebih luas, Mu'tazilah juga memberikan kontribusi dalam hal etika dan keadilan. Mereka menekankan pentingnya keadilan dan kebebasan manusia dalam ajaran Islam. Dengan demikian, Mu'tazilah tidak hanya sekadar kelompok teolog, tetapi juga merupakan bagian dari gerakan intelektual yang berusaha mereformasi pemikiran dan praktik keagamaan pada masanya (Zuhri, 2013, hlm. 79).

Mu'tazilah adalah produk dari pergumulan intelektual pada masa Abbasiyah. Mereka menawarkan sebuah alternatif terhadap pendekatan tradisional dalam memahami agama, dengan menekankan pentingnya akal, filsafat, dan etika. Meskipun mengalami pasang surut, pemikiran Mu'tazilah tetap relevan hingga kini dan memberikan kontribusi yang signifikan terhadap perkembangan pemikiran Islam (Muniron, 2015, hlm. 16).

Mu'tazilah tidak hanya berfokus pada persoalan teologis, tetapi juga sangat peduli dengan isu-isu sosial. Mereka meyakini bahwa manusia memiliki kebebasan untuk memilih dan bertanggung jawab atas tindakannya, sebuah pandangan yang sangat penting untuk melawan paham determinisme yang menafikan peran manusia dalam menentukan nasibnya. Dengan menekankan martabat manusia dan kemampuan berpikir rasional, Mu'tazilah ingin memberdayakan setiap individu untuk berperan aktif dalam masyarakat (Sahrodi, 2021, hlm. 10).

Keadilan adalah nilai inti dalam pemikiran Mu'tazilah. Mereka percaya bahwa Tuhan adalah Maha Adil dan manusia harus menjunjung tinggi nilai keadilan dalam kehidupan sehari-hari. Pandangan ini sejalan dengan aspirasi masyarakat pada masa itu yang menginginkan pemerintahan yang lebih adil dan bertanggung jawab. Dengan demikian, Mu'tazilah tidak hanya berperan sebagai pemikir agama, tetapi juga sebagai tokoh yang peduli pada masalah-masalah sosial dan politik (Bahaf, 2008, hlm. 62).

Meskipun kontribusi mereka signifikan, Mu'tazilah menghadapi pertentangan yang cukup besar dari berbagai faksi dalam komunitas Islam, khususnya dari para sarjana tradisionalis yang memandang pendekatan rasionalis mereka sebagai ancaman terhadap integritas iman Islam. Kemunduran gerakan Mu'tazilah pada abad-abad berikutnya sebagian besar disebabkan oleh pertemuan berbagai faktor, termasuk munculnya mazhab Ash'ari, yang menekankan pendekatan yang lebih mistis dan berbasis iman untuk memahami teologi. Pandangan kontroversial yang dianut Mu'tazilah mengenai atribut ilahi, sifat Al-Quran, dan tindakan manusia menyebabkan mereka terpinggirkan dalam wacana Islam yang lebih luas. Namun, warisan mereka bertahan sebagai bukti interaksi dinamis antara iman dan akal budi dalam pemikiran Islam. Munculnya Mu'tazilah sebagai gerakan intelektual menyoroti keterlibatan mendalam para sarjana Muslim awal dengan penyelidikan filosofis, yang meletakkan dasar bagi perdebatan yang sedang berlangsung tentang hubungan antara akal budi, iman, dan moralitas yang terus bergema dalam diskusi kontemporer di dunia Muslim (Muniron, 2015, hlm. 17).

B. Tokoh-tokoh Mu'tazilah

Wasil bin Ata, sosok yang kerap disebut sebagai bapak pendiri aliran Mu'tazilah, telah memainkan peran sentral dalam merintis pemikiran rasional dalam Islam. Semula, ia adalah seorang murid dari ulama besar Hasan al-Basri, namun kemudian memunculkan pandangan-pandangan yang berbeda dengan gurunya, khususnya terkait dengan persoalan sifat-sifat Allah. Wasil berpendapat bahwa Allah tidak memiliki sifat yang menyerupai makhluk-Nya, sebuah pandangan yang sangat kontroversial pada masanya. Pandangan ini kemudian menjadi salah satu ajaran utama aliran Mu'tazilah yang membedakan mereka dari aliran-aliran lain dalam Islam. Perbedaan pendapat ini bermula dari sebuah perdebatan mengenai status orang berdosa besar. Wasil berpendapat bahwa orang berdosa besar bukanlah kafir dan masih memiliki harapan untuk masuk surga, selama ia bertaubat. Pandangan ini bertentangan dengan pandangan mayoritas ulama pada masa itu yang cenderung lebih tegas dalam mengkafirkan orang berdosa besar. Melalui pemikiran-pemikiran inovatifnya, Wasil bin Ata berhasil menarik banyak pengikut dan membentuk sebuah komunitas intelektual yang terus berkembang dan memberikan pengaruh yang signifikan terhadap perkembangan pemikiran Islam (Sahrodi, 2021, hlm. 51–52).

Kemudian, Abu Hudzaifah al-'Allaf, seorang tokoh penting dalam perkembangan aliran Mu'tazilah, dikenal luas atas kontribusinya dalam merumuskan ajaran-ajaran sentral aliran ini. Setelah menerima pengajaran dari Wasil bin Ata, Abu Hudzaifah terus mengembangkan pemikiran gurunya, khususnya dalam hal keadilan Allah dan kebebasan manusia. Ia berpendapat bahwa Allah Maha Adil dan tidak akan menzalimi makhluk-Nya. Konsekuensi logis dari keyakinan ini adalah bahwa manusia memiliki kebebasan untuk memilih antara kebaikan dan kejahatan, dan setiap individu akan bertanggung jawab atas pilihannya. Pandangan Abu Hudzaifah ini sangat revolusioner pada masanya, karena bertentangan dengan pandangan deterministik yang melihat segala sesuatu sebagai takdir mutlak. Selain itu, Abu Hudzaifah juga dikenal sebagai seorang ahli logika yang handal. Ia menggunakan logika Aristoteles untuk memperkuat argumen-argumen teologisnya. Dengan demikian, Abu Hudzaifah tidak hanya seorang teolog, tetapi juga seorang filsuf yang berusaha menyatukan antara akal dan wahyu. Kontribusi Abu Hudzaifah dalam mengembangkan pemikiran Mu'tazilah sangatlah besar. Ia berhasil menyusun sistematika pemikiran yang koheren dan logis, sehingga aliran Mu'tazilah menjadi salah satu aliran pemikiran yang paling berpengaruh dalam sejarah Islam (Hamdani et al., 2010, hlm. 75–76).

C. Pokok-pokok Ajaran Mu'tazilah

1. Keesaan Tuhan (*Al-Tauhid*)

Konsep *Al-Tauhid* atau keesaan Tuhan merupakan pondasi utama dalam pemikiran Mu'tazilah. Mereka meyakini bahwa Allah adalah Esa, tidak ada sekutu bagi-Nya. Konsep keesaan ini tidak hanya sebatas pengakuan akan keberadaan satu Tuhan, namun lebih jauh lagi menyiratkan penolakan terhadap segala bentuk penyekutuan, baik dalam bentuk penyembahan berhala, pendewasaan makhluk, maupun pengangkatan sesuatu ke derajat kesetaraan dengan Allah. Mu'tazilah sangat kritis dalam menafsirkan sifat-sifat Allah (Hamdani et al., 2010, hlm. 70).

Bagi Mu'tazilah, sifat-sifat Allah bersifat transenden, jauh di atas segala keterbatasan makhluk-Nya. Dengan demikian, Mu'tazilah berusaha untuk menyucikan Allah dari segala kekurangan dan keterbatasan. Dalam memahami sifat-sifat

Allah, Mu'tazilah lebih menekankan pada penggunaan akal dan logika, dibandingkan dengan pemahaman yang bersifat tekstual dan harfiah. Mereka berpendapat bahwa pemahaman tentang Allah haruslah konsisten dengan akal sehat dan tidak bertentangan dengan prinsip-prinsip dasar logika (Hamdani et al., 2010, hlm. 71).

Ajaran *Al-Tauhid* yang dianut oleh Mu'tazilah memiliki implikasi yang sangat mendalam terhadap pemahaman mereka tentang Allah. Pertama, mereka menolak segala bentuk antropomorfisme, yaitu upaya untuk menggambarkan Allah dengan sifat-sifat fisik manusia. Bagi Mu'tazilah, Allah adalah Zat yang Maha Sempurna dan Maha Esa, jauh di atas segala keterbatasan makhluk-Nya. Kedua, Mu'tazilah juga menolak ajaran tentang sifat-sifat Allah yang dianggap sama dengan sifat makhluk. Mereka berpendapat bahwa sifat-sifat Allah adalah unik dan tidak dapat dipahami secara penuh oleh akal manusia. Ketiga, ajaran *Al-Tauhid* juga mendorong Mu'tazilah untuk melakukan penafsiran yang rasional terhadap ayat-ayat Al-Qur'an yang berkaitan dengan sifat-sifat Allah. Mereka berusaha mencari makna yang logis dan konsisten dengan akal sehat. Akibatnya, Mu'tazilah seringkali berbeda pendapat dengan ulama tradisional yang lebih cenderung pada penafsiran tekstual (Hamdani et al., 2010, hlm. 71).

2. Keadilan (*Al-Adl*)

Konsep keadilan merupakan salah satu ajaran sentral dalam pemikiran Mu'tazilah. Mereka meyakini dengan kuat bahwa Allah adalah Maha Adil. Keadilan Allah bagi Mu'tazilah bukanlah sekadar konsep abstrak, melainkan prinsip fundamental yang mengatur seluruh alam semesta. Mereka berpendapat bahwa setiap individu akan menerima balasan yang setimpal atas perbuatannya, baik itu kebaikan maupun kejahatan. Tidak ada seorang pun yang akan dizalimi oleh Allah.

Keyakinan akan keadilan Allah ini mendorong Mu'tazilah untuk mengembangkan ajaran-ajaran lain seperti kebebasan manusia, tanggung jawab individu, dan adanya surga dan neraka sebagai tempat pembalasan. Konsep keadilan Allah juga menjadi dasar bagi Mu'tazilah dalam melakukan penafsiran terhadap Al-Qur'an. Mereka berusaha untuk menemukan ayat-ayat yang mendukung ajaran keadilan ini dan menolak penafsiran yang bertentangan dengan prinsip keadilan. Dengan demikian, konsep keadilan tidak hanya menjadi sebuah keyakinan teologis, tetapi juga menjadi landasan bagi etika dan moralitas dalam pandangan Mu'tazilah (Hamdani et al., 2010, hlm. 71–72).

3. Janji dan Ancaman (*Al-Wa'du wal-Wa'id*)

Konsep janji dan ancaman merupakan kelanjutan logis dari keyakinan Mu'tazilah terhadap keadilan Allah. Jika Allah Maha Adil, maka sudah sewajarnya setiap individu menerima balasan yang setimpal atas perbuatannya. Mu'tazilah meyakini bahwa Allah telah menjanjikan surga sebagai balasan bagi orang-orang yang beriman dan beramal saleh, serta mengancam dengan neraka bagi mereka yang berbuat dosa. Konsep ini tidak hanya sekedar janji dan ancaman belaka, tetapi juga menjadi motivasi bagi manusia untuk berbuat baik dan menjauhi kejahatan. Keyakinan akan adanya balasan di akhirat ini mendorong Mu'tazilah untuk hidup sesuai dengan tuntunan agama dan selalu berusaha untuk memperbaiki diri. Konsep janji dan ancaman juga berkaitan erat dengan ajaran kebebasan manusia. Mu'tazilah meyakini bahwa manusia memiliki kebebasan untuk memilih antara kebaikan dan kejahatan, dan setiap pilihan yang diambil akan berdampak pada kehidupan di akhirat. Dengan demikian, konsep janji dan ancaman menjadi salah satu faktor penting dalam membentuk moralitas dan etika dalam pandangan Mu'tazilah (Hamdani et al., 2010, hlm. 72-73).

4. Posisi Antara Dua Posisi (*Al-Manzilah bainal manzilatain*)

Konsep "posisi antara dua posisi" merupakan salah satu ajaran yang paling khas dalam pemikiran Mu'tazilah. Ajaran ini berusaha menjawab pertanyaan mengenai status seseorang yang melakukan dosa besar. Mu'tazilah berpendapat bahwa orang yang melakukan dosa besar tidak serta-merta dapat dikategorikan sebagai kafir, namun juga tidak dapat dikatakan sepenuhnya beriman. Mereka berada dalam posisi antara iman dan kafir, sebuah posisi yang tidak pasti dan tergantung pada penyesalan dan upaya untuk bertobat. Konsep ini didasarkan pada keyakinan Mu'tazilah bahwa manusia memiliki kebebasan untuk memilih antara kebaikan dan kejahatan. Ketika seseorang melakukan dosa besar, ia telah menyimpang dari jalan yang benar, namun jika ia kemudian bertobat dan kembali kepada Allah, maka ia dapat kembali mendapatkan kedudukan sebagai seorang mukmin. Konsep posisi antara dua posisi menunjukkan fleksibilitas dan kemanusiaan dalam pandangan Mu'tazilah terhadap masalah dosa dan kesalahan. Ajaran ini juga mendorong manusia untuk selalu berusaha memperbaiki diri dan menjauhi perbuatan dosa (Hamdani et al., 2010, hlm. 73-74).

5. mengajak kepada kebaikan dan mencegah dari kemungkaran (*Al-Amar ma'ruf nahi munkar*)

Konsep *al-amar ma'ruf nahi munkar* merupakan salah satu prinsip fundamental dalam pemikiran Mu'tazilah. Mereka meyakini bahwa setiap muslim memiliki kewajiban untuk mengajak orang lain kepada kebaikan (*ma'ruf*) dan mencegah dari kemungkaran (*munkar*). Bagi Mu'tazilah, perintah ini bukan hanya sekedar anjuran, melainkan suatu kewajiban yang harus dilaksanakan oleh setiap individu. Dengan aktif menyeru kepada kebaikan dan mencegah kemungkaran, seorang muslim tidak hanya menjalankan perintah agama, tetapi juga berperan aktif dalam memperbaiki kondisi masyarakat. Mu'tazilah melihat bahwa *amar ma'ruf nahi munkar* merupakan bentuk partisipasi dalam menegakkan keadilan di muka bumi. Konsep ini juga berkaitan erat dengan ajaran kebebasan manusia. Mu'tazilah meyakini bahwa setiap individu memiliki tanggung jawab moral untuk menggunakan kebebasannya dalam rangka mewujudkan kebaikan bagi dirinya sendiri dan orang lain. Dengan demikian, *al-amar ma'ruf nahi munkar* menjadi salah satu pilar penting dalam etika dan moralitas Mu'tazilah (Hamdani et al., 2010, pp. 74–75).

D. Latihan Soal

1. Jelaskan secara mendalam konsep *al-adl* (keadilan) dalam pemikiran Mu'tazilah. Bagaimana konsep ini dikaitkan dengan kebebasan manusia dan konsep balasan di akhirat?
2. Analisis secara kritis konsep "posisi antara dua posisi" (*al-manzilah bainal manzilatain*). Apa implikasi dari konsep ini terhadap pemahaman tentang dosa, tobat, dan status seseorang dalam agama? Bagaimana konsep ini diterima oleh kalangan ulama kontemporer?
3. Jelaskan bagaimana Mu'tazilah menempatkan akal dalam proses memahami agama. Bagaimana mereka menyeimbangkan antara penggunaan akal dan teks-teks agama? Berikan contoh-contoh konkret bagaimana akal digunakan dalam argumentasi teologis mereka.
4. Jelaskan secara rinci dampak sejarah pengaruh Mu'tazilah terhadap perkembangan pemikiran Islam dan sejarah umat Islam. Fokuslah pada kontribusi

Mu'tazilah dalam bidang teologi, filsafat, dan ilmu pengetahuan. Bagaimana pemikiran Mu'tazilah diterima dan ditanggapi oleh kalangan ulama dan penguasa pada masanya? Apa saja warisan pemikiran Mu'tazilah yang masih relevan hingga saat ini?

BAB 8
ILMU KALAM ALIRAN JABARIAH

A. Sejarah dan Implikasi Kemunculan Aliran Jabariah

Aliran Jabariyah muncul pada masa awal perkembangan Islam, tepatnya pada abad pertama dan kedua Hijriah. Aliran Jabariyah diperkirakan muncul di wilayah Khurasan, Persia. Wilayah ini pada masa itu merupakan pusat perkembangan pemikiran keagamaan yang cukup dinamis. Aliran Jabariyah muncul sebagai salah satu respon terhadap kompleksitas masalah teologis yang dihadapi umat Islam pada masa awal. Salah satu pemicu utama munculnya aliran Jabariyah adalah perdebatan yang sengit mengenai konsep takdir. Sebagian besar umat Islam pada masa itu percaya akan adanya takdir, namun berbeda pendapat mengenai sejauh mana pengaruh takdir terhadap tindakan manusia (Ramadhani et al., 2022, hlm. 168).

Kata "Jabariyah" secara etimologi memiliki akar kata "jabara" yang berarti "pemaksaan" atau "kekerasan". Aliran ini berpendapat bahwa segala sesuatu yang terjadi di alam semesta, termasuk perbuatan manusia, telah ditetapkan secara mutlak oleh Tuhan. Manusia, dalam pandangan Jabariyah, tidak memiliki kehendak bebas untuk memilih atau berusaha. Mereka bagaikan boneka yang ditarik benangnya oleh Sang Pencipta. Setiap tindakan, baik yang baik maupun yang buruk, telah dituliskan dalam Lauh Mahfuz sebelum alam semesta diciptakan. Konsekuensinya, manusia tidak dapat bertanggung jawab atas perbuatannya, karena segala sesuatu telah ditentukan sebelumnya. Pandangan ini seringkali dikritik karena dianggap menafikan peran manusia dalam kehidupan dan menghilangkan motivasi untuk berbuat baik (Zuhri, 2013, hlm. 57–58).

Dalam istilah teologi, Jabariyah merupakan suatu paham yang meyakini bahwa manusia berada dalam keadaan "jabr" atau "paksaan" total. Manusia tidak memiliki kuasa untuk mengubah takdir yang telah ditetapkan oleh Tuhan. Segala peristiwa yang terjadi dalam kehidupan manusia, dari lahir hingga mati, telah ditentukan sebelumnya. Bahkan, pilihan-pilihan yang manusia kira bebas, pada hakikatnya sudah diatur oleh Tuhan. Konsep ini seringkali dikaitkan dengan fatalisme, yaitu keyakinan bahwa segala sesuatu sudah terjadi dan tidak dapat diubah. Akibatnya, muncul pertanyaan mengenai makna ibadah, amal saleh, dan usaha manusia jika segala sesuatu sudah ditentukan (Ramadhani et al., 2022, hlm. 168).

Pandangan Jabariyah yang meyakini bahwa segala sesuatu telah ditentukan oleh Tuhan secara mutlak dapat berimplikasi pada munculnya sikap pasrah dan fatalistik dalam kehidupan manusia. Jika manusia percaya bahwa segala kejadian, baik itu kesuksesan maupun kegagalan, sudah diatur sebelumnya, maka mereka cenderung merasa tidak perlu berusaha keras. Sikap ini dapat menghambat perkembangan diri dan potensi manusia. Alih-alih berjuang untuk mencapai tujuan, seseorang yang menganut paham Jabariyah cenderung menyerahkan segala urusan kepada takdir dan menerima apa adanya (Ramadhani et al., 2022, hlm. 168).

Selain memengaruhi sikap terhadap kehidupan duniawi, pandangan Jabariyah juga dapat melemahkan semangat beribadah dan beramal saleh. Jika manusia percaya bahwa amal perbuatan tidak akan mengubah takdir, maka mereka cenderung malas untuk melakukan ibadah dan amal kebaikan. Padahal, dalam agama Islam, ibadah dan amal saleh merupakan sarana untuk mendekatkan diri kepada Allah dan meraih ridho-Nya. Dengan meyakini bahwa segala sesuatu sudah ditentukan, seseorang dapat menjadi apatis terhadap nilai-nilai agama dan moral (Basri et al., 2006, hlm. 34–35).

Pandangan Jabariyah telah banyak dikritik oleh para ulama dan ahli teologi. Salah satu kritik utama adalah pandangan ini bertentangan dengan ajaran Islam yang menekankan pentingnya usaha dan ikhtiar manusia. Al-Quran sendiri banyak sekali ayat yang mendorong manusia untuk berbuat baik, bekerja keras, dan berusaha mencapai kesuksesan. Selain itu, pandangan Jabariyah juga dapat menimbulkan pertanyaan tentang keadilan Tuhan. Jika manusia tidak memiliki kebebasan untuk memilih dan bertanggung jawab atas perbuatannya, bagaimana Tuhan dapat memberikan balasan yang adil di akhirat (Sahrodi, 2021, hlm. 47).

Pandangan Jabariyah, memiliki implikasi yang cukup serius terhadap kehidupan manusia. Sikap pasrah, fatalistik, dan apatis terhadap agama dapat menjadi konsekuensi dari pemahaman yang ekstrem tentang takdir. Oleh karena itu, penting bagi kita untuk memahami ajaran Islam secara lebih komprehensif dan menghindari pandangan-pandangan yang dapat menghambat perkembangan diri dan spiritualitas kita (Ramadhani et al., 2022, hlm. 168).

B. Tokoh-tokoh Jabariyah

Ja'ad bin Dirham, sosok yang kerap disebut sebagai salah satu pencetus awal aliran Jabariyah, memiliki pengaruh yang signifikan dalam perkembangan pemikiran teologis Islam pada masa itu. Ajarannya yang paling menonjol adalah tentang ketetapan mutlak Allah terhadap segala sesuatu, termasuk perbuatan manusia. Ia mengajarkan bahwa manusia tidak memiliki kehendak bebas dalam melakukan apapun. Setiap tindakan, baik yang baik maupun yang buruk, telah ditentukan sebelumnya oleh Allah. Pandangan ini kemudian menjadi dasar dari aliran Jabariyah yang meyakini bahwa manusia hanyalah alat yang digerakkan oleh Tuhan (Ramadhani et al., 2022, hlm. 169).

Konsep ketetapan mutlak yang diajarkan oleh Ja'ad bin Dirham ini memiliki implikasi yang luas terhadap pemahaman manusia tentang agama dan kehidupan. Jika segala sesuatu telah ditentukan oleh Allah, maka manusia tidak perlu berusaha atau berikhtiar. Akibatnya, muncul pertanyaan tentang makna ibadah, amal saleh, dan tanggung jawab individu. Pandangan ekstrem ini kemudian memicu perdebatan sengit di kalangan umat Islam dan menjadi salah satu faktor yang mendorong munculnya aliran-aliran lain seperti Qadariyah yang lebih menekankan pada kehendak bebas manusia (Ramadhani et al., 2022, hlm. 169).

Kemudian, Jahm bin Shafwan, sosok yang tak kalah penting dalam sejarah aliran Jabariyah, berhasil mengembangkan lebih lanjut pemikiran yang telah dirintis oleh pendahulunya, Ja'ad bin Dirham. Ia tidak hanya sekedar mengadopsi pandangan Ja'ad, namun juga menyusunnya menjadi sebuah sistem pemikiran yang lebih koheren dan sistematis. Jaham bin Shafwan dikenal sebagai seorang teolog yang cerdas dan pandai berdebat. Ia berhasil menarik banyak pengikut dengan argumen-argumennya yang dianggap kuat pada masa itu (Bahaf, 2008, hlm. 55–56).

Salah satu kontribusi terbesar Jahm bin Shafwan adalah dalam merumuskan doktrin-doktrin utama aliran Jabariyah. Ia secara sistematis menjelaskan tentang ketetapan mutlak Allah, penafsiran terhadap sifat-sifat Allah, dan kedudukan manusia dalam alam semesta. Pemikiran-pemikirannya ini kemudian menjadi rujukan utama bagi para pengikut aliran Jabariyah dan menjadi dasar bagi perkembangan aliran ini pada masa-masa berikutnya. Meskipun demikian, ajaran-ajaran Jahm bin

Shafwan juga menuai banyak kritik dan perdebatan di kalangan umat Islam (Bahaf, 2008, hlm. 56).

C. Pokok-pokok Ajaran Aliran Jabariah

1. Ketetapan Mutlak Allah

Aliran Jabariyah mengajarkan sebuah pandangan yang sangat tegas mengenai takdir dan kehendak manusia. Mereka meyakini bahwa setiap peristiwa yang terjadi di alam semesta, baik yang besar maupun yang kecil, termasuk segala perbuatan manusia, telah ditetapkan secara mutlak oleh Allah SWT sejak azali. Dengan kata lain, menurut Jabariyah, manusia tidak memiliki kebebasan untuk memilih atau menentukan tindakannya. Segala sesuatu telah diatur dan direncanakan oleh Tuhan jauh sebelum manusia ada (Sukiman, 2021, hlm. 132–133).

Konsep ketetapan mutlak ini memiliki implikasi yang sangat mendalam terhadap pemahaman manusia tentang kehidupan dan tanggung jawab. Jika segala sesuatu telah ditentukan, maka manusia tidak perlu berusaha atau berikhtiar. Akibatnya, muncul pertanyaan mendasar tentang makna ibadah, amal saleh, dan tujuan hidup manusia. Pandangan ekstrem ini kemudian memicu perdebatan sengit di kalangan umat Islam dan menjadi salah satu faktor yang mendorong munculnya aliran-aliran lain yang menawarkan pemahaman yang berbeda tentang takdir dan kehendak bebas (Ramadhani et al., 2022, hlm. 169).

Aliran Jabariyah, dengan pandangan ekstremnya tentang takdir dan ketiadaan kehendak bebas manusia, sangat dipengaruhi oleh filsafat Yunani, khususnya konsep determinisme. Paham determinisme yang mengajarkan bahwa segala sesuatu telah ditentukan sebelumnya dan tidak dapat diubah, sejalan dengan keyakinan Jabariyah tentang ketetapan mutlak Allah. Konsep nasib, takdir, dan kausalitas dalam filsafat Yunani memperkuat pandangan Jabariyah bahwa manusia hanyalah alat dalam tangan Tuhan. Pengaruh filsafat Yunani ini terlihat jelas dalam penafsiran literal mereka terhadap teks-teks agama, yang kemudian menghasilkan doktrin yang sangat kaku dan deterministik (Maesaroh, 2024, hlm. 315).

Aliran Jabariyah, dengan pandangannya yang ekstrem, telah memberikan kontribusi yang signifikan dalam perdebatan teologis Islam. Namun, pandangan ini juga memiliki kelemahan yang mendasar, yaitu meniadakan peran manusia dalam kehidupan dan mengabaikan aspek moralitas. Meskipun demikian, aliran Jabariyah telah mendorong umat Islam untuk berpikir lebih mendalam tentang konsep takdir, kehendak bebas, dan tanggung jawab manusia. Perdebatan yang ditimbulkan oleh aliran ini telah memperkaya khazanah pemikiran Islam (Irfan & Mutrofin, 2023, hlm. 153).

Aliran Jabariyah merupakan salah satu contoh bagaimana pemikiran filsafat dapat mempengaruhi interpretasi terhadap ajaran agama. Meskipun pandangannya dianggap ekstrem oleh sebagian besar umat Islam, namun aliran ini telah memberikan kontribusi dalam mendorong perkembangan pemikiran teologis (Irfan & Mutrofin, 2023, h. 153).

2. Ketiadaan Kehendak Bebas

Aliran Jabariyah menempatkan manusia pada posisi yang sangat pasif dalam relasi dengan Tuhan. Mereka meyakini bahwa manusia bagaikan boneka yang ditarik benangnya oleh Sang Pencipta. Setiap gerak-gerik, pikiran, dan perasaan manusia telah diatur sedemikian rupa sehingga tidak ada ruang bagi inisiatif pribadi. Pandangan ini melahirkan sebuah keyakinan yang mendalam bahwa manusia adalah makhluk yang lemah dan tidak berdaya di hadapan kekuasaan Allah yang mutlak (Maesaroh, 2024, hlm. 315).

Konsep takdir dalam pandangan Jabariyah sangatlah kaku. Segala sesuatu, mulai dari kelahiran, kematian, rezeki, hingga jodoh, telah dituliskan dalam Lauh Mahfuz sebelum alam semesta diciptakan. Manusia, sebagai bagian dari ciptaan Allah, tidak memiliki kemampuan untuk mengubah atau bahkan sedikit pun mempengaruhi jalan hidup yang telah ditentukan. Setiap peristiwa yang terjadi adalah hasil dari kehendak Allah semata, dan manusia hanya sebagai pelakon dalam skenario Ilahi (Maesaroh, 2024, hlm. 315).

Implikasi dari pandangan Jabariyah terhadap kehidupan manusia sangatlah luas. Jika manusia tidak memiliki kehendak bebas, maka segala upaya untuk mengubah nasib menjadi sia-sia. Konsep ibadah, amal saleh, dan usaha untuk mencapai kebahagiaan dunia dan akhirat pun menjadi tidak relevan. Manusia hanya perlu pasrah dan menerima segala yang terjadi, karena semuanya telah diatur oleh Tuhan. Pandangan ini, jika dianut secara ekstrim, dapat menimbulkan sikap fatalisme dan menghilangkan semangat untuk berjuang dan berinovasi (Maesaroh, 2024, hlm. 320).

3. Ketiadaan Tanggung Jawab Manusia

Aliran Jabariyah mengajarkan sebuah konsep determinisme yang ekstrim, di mana manusia sepenuhnya pasrah pada kehendak Allah. Mereka berpendapat bahwa setiap tindakan manusia, sekecil apapun, telah digariskan sejak azali. Baik perbuatan baik yang mendatangkan pahala maupun perbuatan buruk yang mendatangkan dosa, semuanya telah ditetapkan oleh Tuhan. Dengan demikian, manusia tidak memiliki kendali atas pilihan-pilihan hidupnya dan segala konsekuensinya (Maesaroh, 2024, hlm. 315–316).

Dalam pandangan Jabariyah, manusia bagaikan pion dalam permainan catur yang digerakkan oleh Tuhan. Segala yang terjadi dalam hidup manusia, mulai dari keberhasilan hingga kegagalan, kesenangan hingga penderitaan, adalah bagian dari rencana Ilahi yang telah ditetapkan. Manusia tidak memiliki kebebasan untuk memilih jalan hidupnya, dan segala yang dialaminya adalah hasil dari kehendak Allah yang mutlak (Maesaroh, 2024, hlm. 319).

Konsep dosa dan pahala yang menjadi landasan etika dalam agama-agama, menjadi tidak relevan dalam pandangan Jabariyah. Jika segala sesuatu telah ditentukan, maka tidak ada alasan untuk merasa bersalah atas perbuatan buruk atau berharap mendapatkan pahala atas perbuatan baik. Manusia hanya menjalankan peran yang telah ditetapkan baginya, dan segala balasan akan diberikan oleh Tuhan sesuai dengan kehendak-Nya. Dengan demikian, konsep tanggung jawab individu menjadi kabur dan tergantikan oleh keyakinan bahwa segala sesuatu berada di luar kendali manusia (Maesaroh, 2024, hlm. 320).

D. Latihan Soal

1. Bagaimana pandangan Jabariyah tentang ketetapan mutlak Allah berbeda dengan pandangan aliran lain dalam Islam?
2. Apa implikasi dari pandangan Jabariyah terhadap konsep ibadah, amal saleh, dan tujuan hidup manusia?
3. Jelaskan bagaimana kita dapat memahami konsep takdir dan kehendak bebas dalam Islam secara lebih seimbang?
4. Evaluasi kritik-kritik yang diajukan terhadap aliran Jabariyah. Apakah kritik-kritik tersebut beralasan? Jelaskan dengan memberikan argumen yang kuat.

BAB 9
ILMU KALAM ALIRAN QADARIYAH

A. Sejarah dan Implikasi Kemunculan Aliran Qadariyah

Aliran Qadariyah dan Jabariyah merupakan dua aliran teologi yang muncul pada masa awal perkembangan Islam, tepatnya pada abad pertama Hijriah. Kedua aliran ini lahir sebagai respons terhadap dinamika pemikiran keagamaan yang kompleks pada masa itu (Maesaroh, 2024, hlm. 307).

Aliran Qadariyah diperkirakan muncul di wilayah Irak, sementara aliran Jabariyah lebih banyak ditemukan di wilayah Khurasan, Persia. Keduanya muncul sebagai upaya untuk memberikan jawaban terhadap pertanyaan-pertanyaan mendasar tentang hubungan antara kehendak Allah dan kebebasan manusia (Sukiman, 2021, hlm. 151).

Selain perdebatan tentang takdir, kontak dengan pemikiran filsafat Yunani juga memberikan pengaruh signifikan terhadap perkembangan aliran Qadariyah. Konsep kebebasan manusia yang diwariskan oleh filsafat Yunani sejalan dengan pandangan Qadariyah yang meyakini bahwa manusia memiliki kuasa atas pilihan hidupnya. Interaksi dengan pemikiran non-Arab ini turut mewarnai nuansa pemikiran keagamaan pada masa itu, termasuk dalam melahirkan aliran Qadariyah (Sukiman, 2021, hlm. 134–135).

Kondisi sosial politik yang tidak stabil pada masa awal Islam juga menjadi faktor pendorong munculnya berbagai aliran pemikiran, termasuk Qadariyah. Konflik antara kelompok-kelompok yang berbeda, perebutan kekuasaan, dan ketidakpuasan terhadap kondisi sosial politik yang ada mendorong munculnya beragam ideologi, termasuk ideologi yang menyuarakan kebebasan individu seperti yang diusung oleh aliran Qadariyah. Dalam konteks ini, Qadariyah dapat dilihat sebagai sebuah respons terhadap kondisi sosial politik yang dianggap tidak adil dan menindas (Bahaf, 2008, hlm. 58).

Aliran Qadariyah, lebih menekankan pada kebebasan manusia dalam menentukan tindakannya, muncul sebagai reaksi terhadap pandangan deterministik yang dianut oleh sebagian kalangan pada masa itu. Pandangan deterministik ini kemudian berkembang menjadi aliran Jabariyah, yang meyakini bahwa segala sesuatu, termasuk perbuatan manusia, telah ditentukan oleh Allah tanpa adanya campur tangan kehendak manusia. Aliran Qadariyah muncul sebagai sebuah antitesis terhadap aliran Jabariyah. Perdebatan antara kedua aliran ini terus berlangsung selama beberapa abad dan memberikan kontribusi yang signifikan terhadap perkembangan pemikiran Islam (Basri et al., 2006, hlm. 32).

Kata "Qadariyah" merupakan istilah yang berasal dari akar kata Arab "qadara" yang berarti "menentukan" atau "memiliki kekuatan". Aliran Qadariyah, yang muncul pada masa awal perkembangan Islam, berpusat pada pemahaman mendalam tentang hubungan antara kehendak Allah dan kebebasan manusia. Penganut Qadariyah meyakini bahwa manusia, sebagai makhluk yang dianugerahi akal dan pilihan, memiliki kemampuan untuk menentukan tindakannya sendiri. Mereka menolak pandangan deterministik yang menyatakan bahwa segala sesuatu telah ditentukan sebelumnya tanpa adanya campur tangan manusia. Dengan demikian, Qadariyah menempatkan manusia sebagai subjek aktif dalam sejarah dan kehidupan, di mana tindakan dan pilihan mereka memiliki konsekuensi nyata (Bahaf, 2008, hlm. 57–58).

Konsep "Qadariyah" memiliki nuansa ganda yang saling terkait. Pertama, ia merujuk pada konsep "takdir" atau "qadar" dalam Islam, yakni ketetapan Allah yang meliputi segala sesuatu. Namun, Qadariyah memberikan penafsiran unik terhadap takdir ini. Aliran ini mengakui keberadaan takdir Allah, tetapi menekankan bahwa takdir tersebut tidak menghilangkan kebebasan manusia dalam bertindak. Kedua, Qadariyah berkaitan erat dengan konsep "kuasa" atau "kekuasaan" manusia. Penganut Qadariyah meyakini bahwa manusia memiliki kekuatan untuk memilih antara kebaikan dan kejahatan, serta bertanggung jawab atas pilihan-pilihan tersebut. Dengan demikian, Qadariyah memberikan penekanan pada dimensi moral manusia dan pentingnya usaha serta ikhtiar dalam mencapai tujuan hidup (Bahaf, 2008, hlm. 57–58).

Pandangan Qadariyah yang menekankan pada kebebasan manusia dalam menentukan tindakannya memiliki implikasi yang signifikan dalam ranah etika dan hukum. Aliran ini mendorong terbentuknya etika individu yang kuat, di mana setiap orang bertanggung jawab atas pilihan dan perbuatannya. Konsep tanggung jawab ini mendorong manusia untuk senantiasa berbuat baik dan menghindari perbuatan buruk. Dalam konteks hukum, Qadariyah memberikan landasan bagi penegakan hukum yang adil, di mana setiap individu akan mendapatkan perlakuan yang sesuai dengan perbuatannya. Dengan demikian, Qadariyah memberikan kontribusi penting dalam membangun masyarakat yang beradab dan berkeadilan (Muniron, 2015, hlm. 60–61).

Dalam konteks teologi, Qadariyah memberikan pemahaman yang berbeda tentang hubungan antara manusia dan Tuhan. Aliran ini mengajarkan bahwa manusia memiliki peran aktif dalam mencapai kedekatan dengan Tuhan melalui amal perbuatan yang baik. Konsep ini mendorong umat Islam untuk senantiasa beribadah, beramal saleh, dan berusaha memperbaiki diri. Selain itu, Qadariyah juga memiliki implikasi sosial yang luas. Pandangan aliran ini yang menghargai kebebasan individu mendorong terbentuknya masyarakat yang pluralis dan toleran. Masyarakat Qadariyah cenderung lebih terbuka terhadap perbedaan pendapat dan lebih menghargai hak-hak asasi manusia (Basri et al., 2006, hlm. 33–34).

B. Tokoh-tokoh Qadariyah

Pertama, Ma'bad al-Juhani, seorang tabi'in yang dikenal cerdas dan berpandangan luas, sering disebut-sebut sebagai salah satu tokoh pertama yang mengajarkan paham Qadariyah. Ia hidup pada masa setelah wafatnya Rasulullah SAW dan menjadi salah satu figur sentral dalam perdebatan teologis awal Islam. Ma'bad al-Juhani mengajarkan bahwa manusia memiliki kebebasan penuh untuk memilih antara melakukan kebaikan atau kejahatan. Pandangan ini, yang kemudian menjadi ciri khas aliran Qadariyah, memicu perdebatan sengit di kalangan ulama pada masa itu. Kebebasan memilih ini, menurut Ma'bad, menempatkan manusia pada posisi bertanggung jawab penuh atas segala perbuatannya (Sahrodi, 2021, hlm. 44–45).

Kedua, Ghailan al-Dimashqi merupakan salah satu tokoh penting dalam perkembangan aliran Qadariyah setelah Ma'bad al-Juhani. Ia melanjutkan perjuangan Ma'bad dalam menyebarkan paham yang meyakini kebebasan manusia dalam menentukan tindakannya. Dikenal sebagai sosok yang cerdas dan berpandangan luas, Ghailan al-Dimashqi kerap terlibat dalam perdebatan sengit dengan para ulama dari aliran lain, terutama terkait dengan masalah takdir. Melalui debat-debat tersebut, Ghailan berusaha memperkuat argumen Qadariyah dan memperluas pengaruhnya di kalangan umat Islam pada masa itu. Dedikasinya dalam mempertahankan pandangan Qadariyah membuatnya menjadi sosok yang sangat dihormati oleh para pengikut aliran ini (Sahrodi, 2021, hlm. 45–46).

C. Pokok-pokok Ajaran Aliran Qadariyah

1. Kebebasan Manusia

Aliran Qadariyah mengajarkan bahwa manusia adalah makhluk yang bebas. Mereka memiliki kebebasan untuk memilih tindakan yang mereka inginkan, tanpa adanya paksaan dari kekuatan di luar diri mereka. Aliran Qadariyah menempatkan manusia sebagai subjek yang aktif dalam menentukan jalan hidupnya. Ajaran ini memberikan ruang yang sangat luas bagi manusia untuk mengekspresikan kehendaknya. Dengan demikian, setiap pilihan, setiap tindakan, dan setiap keputusan yang diambil oleh manusia adalah hasil dari pertimbangan rasional dan dorongan batinnya. Konsep kebebasan ini tidak hanya sebatas pada tindakan fisik, namun juga mencakup pemikiran, perasaan, dan keyakinan. Dalam pandangan Qadariyah, manusia tidaklah sekadar objek yang digerakkan oleh kekuatan di luar dirinya, melainkan subjek yang mampu menciptakan realitasnya sendiri. Dengan kata lain, manusia adalah pencipta nasibnya sendiri (Zuhri, 2013, hlm. 70).

Pandangan Qadariyah tentang kebebasan manusia memicu perdebatan yang panjang dan mendalam, terutama dengan aliran yang lebih menekankan pada takdir. Jika determinisme melihat segala sesuatu sebagai hasil dari ketetapan Tuhan yang mutlak, maka Qadariyah justru menonjolkan peran aktif manusia dalam membentuk nasibnya. Konflik antara kedua pandangan ini seringkali berpusat pada pertanyaan tentang keadilan Tuhan. Jika manusia benar-benar bebas dalam memilih, bagaimana bisa Tuhan menghukum atau memberi pahala atas tindakan manusia? Pertanyaan ini menjadi salah satu tantangan terbesar bagi penganut Qadariyah dalam menjelaskan hubungan antara kebebasan manusia dan keadilan ilahi (Sukiman, 2021, hlm. 136–137).

Implikasi dari ajaran Qadariyah dalam kehidupan sehari-hari sangatlah luas. Pertama, ajaran ini mendorong tumbuhnya rasa tanggung jawab individu. Jika manusia adalah pencipta nasibnya sendiri, maka setiap keberhasilan atau kegagalan adalah hasil dari usaha dan pilihannya sendiri. Kedua, Qadariyah juga mendorong sikap proaktif dalam menghadapi tantangan hidup. Alih-alih pasrah pada takdir, penganut Qadariyah akan berusaha sekuat tenaga untuk mengubah keadaan yang tidak diinginkan. Namun, di sisi lain, pemahaman yang terlalu ekstrem tentang kebebasan dapat memicu sikap individualisme yang berlebihan dan mengabaikan peran sosial. Selain itu, jika tidak diimbangi dengan pemahaman yang tepat tentang kuasa Tuhan, ajaran Qadariyah dapat menimbulkan kesombongan dan sikap meremehkan terhadap takdir (Maesaroh, 2024, hlm. 318).

2. Penolakan terhadap Takdir Mutlak

Aliran Qadariyah secara tegas menolak doktrin takdir mutlak yang sering dikaitkan dengan paham Jabariyah. Bagi penganut Qadariyah, pandangan bahwa segala sesuatu, termasuk perbuatan manusia, telah ditentukan sejak awal oleh Tuhan merupakan suatu bentuk penafsiran yang terlalu sempit terhadap kuasa Tuhan. Mereka berpendapat bahwa Tuhan telah memberikan kebebasan kepada manusia untuk memilih dan bertindak. Dengan demikian, manusia memiliki peran aktif dalam membentuk jalan hidupnya sendiri. Penolakan terhadap takdir mutlak ini didasarkan pada keyakinan bahwa manusia memiliki akal dan kesadaran yang memungkinkannya untuk membuat keputusan yang rasional (Maesaroh, 2024, hlm. 318).

Konsep kebebasan manusia dalam mengubah nasibnya sendiri merupakan salah satu pilar utama dalam ajaran

Qadariyah. Mereka meyakini bahwa melalui usaha dan tindakan yang sungguh-sungguh, manusia dapat mencapai keberhasilan dan kebahagiaan. Pandangan ini memberikan motivasi bagi manusia untuk terus berjuang dan mengembangkan potensinya. Namun, penting untuk diingat bahwa kebebasan yang dimaksud dalam Qadariyah bukanlah kebebasan mutlak yang terlepas dari hukum alam dan kehendak Tuhan. Kebebasan manusia tetap berada dalam koridor yang telah ditetapkan oleh Tuhan (Hamdani et al., 2010, hlm. 61).

Penolakan terhadap takdir mutlak dalam Qadariyah juga didorong oleh keinginan untuk memberikan keadilan bagi manusia. Jika segala sesuatu telah ditentukan sejak awal, maka manusia tidak dapat bertanggung jawab atas perbuatannya. Konsekuensinya, konsep pahala dan dosa menjadi tidak relevan. Dengan memberikan kebebasan kepada manusia, Qadariyah menegaskan bahwa setiap individu akan menerima balasan yang setimpal atas perbuatannya. Hal ini sejalan dengan prinsip keadilan yang menjadi salah satu nilai fundamental dalam agama (Muniron, 2015, hlm. 61–62).

3. Tanggung Jawab Manusia

Aliran Qadariyah menempatkan manusia sebagai subjek yang sepenuhnya bertanggung jawab atas segala tindakannya. Keyakinan akan kebebasan mutlak ini membawa konsekuensi logis bahwa manusia harus menanggung segala akibat dari pilihan-pilihan yang telah dibuatnya. Baik itu hasil yang positif maupun negatif, semuanya merupakan buah dari tindakan yang dilakukan secara sadar dan sukarela. Tidak ada tempat untuk menyalahkan takdir atau kekuatan di luar diri sendiri dalam pandangan Qadariyah. Dengan demikian, ajaran ini mendorong manusia untuk selalu berhati-hati dalam mengambil keputusan dan bertanggung jawab atas konsekuensinya (Maesaroh, 2024, hlm. 317).

Konsep tanggung jawab penuh dalam Qadariyah memiliki implikasi yang sangat luas dalam kehidupan sehari-hari. Pertama, ajaran ini mendorong tumbuhnya rasa keadilan. Jika setiap individu bertanggung jawab atas perbuatannya, maka setiap orang akan mendapatkan balasan yang sesuai dengan amal perbuatannya. Kedua, Qadariyah juga mendorong sikap proaktif dalam menghadapi masalah. Alih-alih pasrah pada keadaan, penganut Qadariyah akan berusaha mencari solusi dan memperbaiki situasi yang tidak diinginkan. Namun, di sisi lain, pemahaman yang terlalu ekstrem tentang tanggung jawab dapat memicu perasaan bersalah yang berlebihan atau bahkan depresi jika seseorang mengalami kegagalan (Sahrodi, 2021, hlm. 45–46).

Tanggung jawab penuh yang diajarkan oleh Qadariyah juga memiliki implikasi terhadap hubungan sosial. Dalam masyarakat yang menganut ajaran Qadariyah, setiap individu diharapkan untuk saling menghormati dan menghargai karena setiap orang memiliki tanggung jawab atas tindakannya. Selain itu, ajaran ini juga mendorong terbentuknya masyarakat yang adil dan demokratis, di mana setiap orang memiliki hak dan kewajiban yang sama. Namun, jika tidak diimbangi dengan pemahaman yang tepat tentang kasih sayang dan empati, konsep tanggung jawab penuh dapat mengarah pada individualisme yang berlebihan dan mengabaikan kepentingan bersama (Maesaroh, 2024, hlm. 323).

D. Latihan Soal

1. Dalam konteks perkembangan pemikiran Islam modern, sejauh mana relevansi ajaran Qadariyah dalam memahami konsep kebebasan manusia dan tanggung jawab individu? Jelaskan dengan

memberikan contoh-contoh konkret dan menganalisis implikasinya bagi kehidupan bermasyarakat

2. Bandingkan dan kontraskan pandangan Qadariyah tentang takdir dengan paham-paham lain dalam Islam, seperti Jabariyah. Bagaimana perbedaan-perbedaan ini memengaruhi pemahaman manusia tentang hubungan antara Tuhan dan manusia?
3. Bagaimana kita dapat menerapkan prinsip tanggung jawab penuh dalam Qadariyah tanpa terjebak dalam perasaan bersalah yang berlebihan atau menyalahkan diri sendiri atas segala kegagalan?
4. Bagaimana konsep tanggung jawab penuh dalam Qadariyah dapat diimplementasikan dalam pendidikan karakter? Jelaskan dengan memberikan contoh-contoh program pendidikan yang dapat mengintegrasikan nilai-nilai Qadariyah

BAB 10
ILMU KALAM ALIRAN AHLUSSUNNAH WAL JAMA'AH

A. Sejarah dan Implikasi Kemunculan Ahlussunnah wal Jama'ah

Ahlussunnah wal Jama'ah merupakan salah satu mazhab terbesar dalam Islam. Istilah ini merujuk pada kelompok umat Islam yang berpegang teguh pada Al-Qur'an dan Sunnah Nabi Muhammad SAW, serta mengikuti pemahaman para sahabat dan ulama salafus saleh. Ahlussunnah wal Jama'ah dapat diartikan sebagai jalan tengah dalam memahami ajaran Islam, di mana mereka menghindari sikap ekstrem baik dalam beragama maupun dalam bermasyarakat (Rozak et al., 2023, hlm. 21).

Ahlussunnah wal Jama'ah lebih dari sekadar aliran kalam. Meskipun memiliki pandangan yang khas dalam bidang kalam, mazhab ini mencakup spektrum ajaran Islam yang lebih luas. Akidah, syariah, dan tasawuf merupakan pilar-pilar utama yang menyusun bangunan pemahaman Islam dalam perspektif Ahlussunnah wal Jama'ah. Dengan kata lain, kalam hanyalah salah satu bagian penting dari keseluruhan sistem pemikiran mereka (Yaacob, 2022, hlm. 66).

Kemunculan Ahlussunnah wal Jama'ah tidak lepas dari sejarah perkembangan Islam itu sendiri. Pada masa setelah wafatnya Nabi Muhammad SAW, muncul berbagai perbedaan pendapat di kalangan umat Islam. Perbedaan-perbedaan ini memuncak dalam berbagai konflik, seperti perang saudara antara Ali bin Abi Thalib dan Muawiyah bin Abu Sufyan. Dari sinilah kemudian muncul berbagai aliran pemikiran dalam Islam, termasuk Ahlussunnah wal Jama'ah. Ahlussunnah wal Jama'ah hadir sebagai upaya untuk menyatukan kembali umat Islam dan memberikan pemahaman yang moderat tentang ajaran Islam (Yasin et al., 2014, hlm. 149–150).

Jika dibandingkan dengan kelompok lain seperti Syi'ah, Khawarij, Murji'ah, dan Mu'tazilah, Ahlussunnah wal Jama'ah memiliki karakteristik yang khas. Syi'ah, misalnya, memiliki pandangan khusus mengenai imamah dan lebih menekankan pada keluarga Nabi. Sementara itu, Khawarij dikenal dengan sikap ekstrem mereka dalam beragama, seringkali keluar dari ketaatan kepada pemimpin yang dianggap zalim. Murji'ah, di sisi lain, menunda-nunda penilaian terhadap amal seseorang hingga hari kiamat. Sedangkan Mu'tazilah cenderung lebih rasional dalam memahami agama (Sahrodi, 2021, hlm. 3–6).

Di antara berbagai aliran yang muncul, Ahlussunnah wal Jama'ah menempati posisi yang sentral dan mayoritas di kalangan umat Islam. Hal ini disebabkan oleh beberapa faktor, di antaranya adalah kemampuan Ahlussunnah wal Jama'ah dalam merumuskan ajaran Islam secara komprehensif dan moderat. Ahlussunnah wal Jama'ah tidak hanya berpegang teguh pada Al-Qur'an dan hadis, tetapi juga memperhatikan konteks sejarah dan sosial dalam memahami ajaran Islam. Selain itu, Ahlussunnah wal Jama'ah juga mampu mengakomodasi berbagai pendapat ulama dengan tetap berpegang pada prinsip-prinsip dasar Islam (Jamaluddin & Anwar, 2020, hlm. 157–158).

Ahlussunnah wal Jama'ah dikenal sebagai kelompok yang moderat dan berpegang teguh pada Al-Qur'an dan Sunnah Nabi Muhammad SAW. Mereka menolak sikap ekstrem baik dalam beragama maupun dalam bermasyarakat. Ahlussunnah wal Jama'ah menekankan pentingnya mengikuti pemahaman para sahabat Nabi dan ulama salafus saleh. Dalam hal akidah, Ahlussunnah wal Jama'ah menganut paham yang tawassuth (tengah), yaitu tidak terlalu cenderung kepada rasionalisme seperti Mu'tazilah, namun juga tidak terlalu tekstual seperti Khawarij (Jamaluddin & Anwar, 2020, hlm. 164).

Ahlussunnah wal Jama'ah berpegang teguh pada empat sumber utama dalam memahami ajaran Islam, yaitu Al-Qur'an, Sunnah Nabi Muhammad SAW, Ijma' (kesepakatan para ulama), dan Qiyas (analogi). Al-Qur'an sebagai kitab suci merupakan sumber hukum yang paling utama. Sunnah Nabi Muhammad SAW, baik berupa perkataan, perbuatan, maupun ketetapan, menjadi pedoman bagi umat Islam setelah Al-Qur'an. Ijma' adalah kesepakatan para ulama dalam suatu masalah hukum, sedangkan qiyas adalah upaya untuk mencari hukum suatu perkara yang belum terdapat dalilnya secara eksplisit dalam Al-Qur'an dan Sunnah dengan cara menyamakannya dengan perkara lain yang sudah ada dalilnya (Millati, 2019, hlm. 170).

Dengan berpegang pada empat sumber utama tersebut, Ahlussunnah wal Jama'ah berusaha untuk menyajikan pemahaman Islam yang komprehensif dan menyeluruh. Ahlussunnah wal Jama'ah mengajarkan pentingnya menjaga keseimbangan antara aspek akidah, syariah, dan akhlak dalam kehidupan seorang muslim. Akidah yang benar akan menuntun seseorang untuk beribadah kepada Allah SWT dengan ikhlas. Syariah yang sempurna akan mengatur hubungan manusia dengan Allah SWT, sesama manusia, dan alam semesta. Sedangkan akhlak yang mulia akan mencerminkan keindahan Islam dalam kehidupan sehari-hari (Yasin et al., 2014, hlm. 151).

Ahlussunnah wal Jama'ah, telah memberikan dampak yang sangat signifikan terhadap perkembangan peradaban Islam secara keseluruhan. Perbedaan pandangan dan interpretasi terhadap teks-teks suci, serta faktor-faktor eksternal seperti politik dan sosial, telah membentuk lanskap intelektual dan sosial Islam yang dinamis (Sahrodi, 2021, hlm. 94–95).

Salah satu dampak paling nyata adalah munculnya pluralisme dalam pemikiran Islam. Berbagai aliran pemikiran menawarkan perspektif yang berbeda-beda dalam memahami ajaran Islam, sehingga memicu perdebatan dan diskusi yang mendalam. Hal ini mendorong perkembangan intelektual umat Islam dan melahirkan karya-karya ilmiah yang sangat berharga. Namun, di sisi lain, pluralisme juga dapat memicu perpecahan dan konflik jika tidak dikelola dengan baik (Basri et al., 2006, hlm. 52–53).

Berbagai aliran pemikiran dalam Islam juga berperan penting dalam membentuk identitas Islam di berbagai wilayah. Setiap aliran memiliki karakteristik dan ciri khas yang berbeda-beda, sehingga membentuk corak Islam yang unik di masing-masing wilayah. Misalnya, di wilayah Timur Tengah, Islam Sunni dengan pengaruh Ahlussunnah wal Jama'ah menjadi dominan (Yasin et al., 2014, hlm. 155).

Perkembangan berbagai aliran pemikiran dalam Islam telah memberikan kontribusi yang signifikan terhadap peradaban dunia. Islam dengan berbagai alirannya telah melahirkan para ilmuwan, filosof, dan tokoh-tokoh intelektual yang karya-karyanya menjadi rujukan bagi peradaban dunia. Dalam bidang ilmu pengetahuan, misalnya, umat Islam pada masa keemasan Islam telah memberikan kontribusi yang sangat besar dalam berbagai bidang seperti matematika, astronomi, kedokteran, dan filsafat. Selain itu, Islam juga telah memberikan pengaruh yang besar dalam bidang seni, arsitektur, dan hukum (Barella, 2023, hlm. 257–258).

B. Tokoh-tokoh Ahlussunnah wal Jama'ah

Ahlussunnah wal Jama'ah memiliki sejarah panjang dan kaya akan pemikiran para ulama yang sangat berpengaruh. Tokoh-tokoh ini telah memberikan kontribusi besar dalam merumuskan, mengembangkan, dan menyebarkan ajaran

Ahlussunnah wal Jama'ah. Berikut adalah beberapa tokoh penting dalam Ahlussunnah wal Jama'ah yang patut kita kenal:

1. Imam Abu Hanifah: Pelopor Hukum Islam yang Fleksibel

Imam Abu Hanifah, pendiri mazhab Hanafi, dikenal sebagai seorang mujtahid mutlak. Beliau memiliki pandangan yang luas dalam memahami hukum Islam dan sangat menekankan pada kemaslahatan umat. Mazhab Hanafi sering disebut sebagai mazhab yang fleksibel karena mampu menyesuaikan hukum dengan kondisi zaman dan tempat. Beliau juga dikenal sebagai seorang pedagang yang sukses, sehingga pemahamannya tentang hukum Islam sangat dekat dengan kehidupan sehari-hari (Rohim & Saniff, 2013, hlm. 21).

2. Imam Malik bin Anas: Penjaga Sunnah Nabi

Imam Malik bin Anas, pendiri mazhab Maliki, adalah seorang ulama yang sangat menjunjung tinggi Sunnah Nabi Muhammad SAW. Beliau menghabiskan sebagian besar hidupnya untuk mengumpulkan dan mempelajari hadis. Mazhab Maliki terkenal dengan penekanannya pada hadis sebagai sumber hukum setelah Al-Qur'an. Beliau juga dikenal sebagai seorang ulama yang sangat zuhud dan sederhana (Fitria et al., 2024, hlm. 708–709).

3. Imam Syafi'i: Arsitek Ilmu Fiqih

Imam Syafi'i adalah seorang ulama yang memiliki kontribusi besar dalam pengembangan ilmu fiqih. Beliau menyusun sistematika ilmu fiqih yang sangat rapi dan logis, sehingga memudahkan para pelajar untuk memahami hukum Islam. Mazhab Syafi'i terkenal dengan metode ijtihadnya yang sangat sistematis. Beliau juga dikenal sebagai seorang ahli hadis dan usul fiqh (Fitria et al., 2024, hlm. 715–716).

4. Imam Ahmad bin Hanbal: Benteng Penjaga Sunnah

Imam Ahmad bin Hanbal adalah seorang ulama yang dikenal dengan ketegasannya dalam berpegang pada Al-Qur'an dan Sunnah. Beliau menolak segala bentuk bid'ah dan inovasi dalam agama. Mazhab Hanbali sering disebut sebagai mazhab yang sangat ketat dalam hal berpegang pada dalil. Beliau juga dikenal sebagai seorang ulama yang sangat zuhud dan wara' (Fitria et al., 2024, hlm. 723–724).

5. Abu Hasan al-Asy'ari: Bapak Teologi Asy'ariyah

Abu Hasan al-Asy'ari adalah seorang teolog besar yang merumuskan akidah Asy'ariyah. Beliau berhasil menyatukan antara rasionalitas dan wahyu dalam memahami masalah-masalah ketuhanan. Akidah Asy'ariyah menjadi salah satu aliran akidah yang paling dominan dalam Islam Sunni. Beliau dikenal dengan pemikirannya yang moderat dan rasional (Muniron, 2015, hlm. 127).

6. Abu Manshur al-Maturidi: Pelopor Teologi Maturidiyah

Abu Manshur al-Maturidi adalah pendiri mazhab Maturidiyah, salah satu aliran akidah terbesar dalam Ahlussunnah wal Jama'ah. Beliau memiliki pandangan yang lebih menekankan pada penggunaan akal dalam memahami agama. Akidah Maturidiyah juga menjadi salah satu aliran akidah yang sangat berpengaruh dalam Islam Sunni. Beliau dikenal dengan pemikirannya yang jernih dan logis (Muniron, 2015, hlm. 147).

7. Imam al-Ghazali: Penyeimbang Ilmu Fikih dan Tasawuf

Imam al-Ghazali adalah seorang ulama yang berhasil menyatukan antara ilmu fikih dan tasawuf. Beliau melihat bahwa keduanya saling melengkapi dan tidak dapat dipisahkan. Kitabnya, Ihya Ulumuddin, menjadi rujukan penting bagi para penuntut ilmu agama. Beliau berhasil menghadirkan Islam sebagai agama yang komprehensif, yang tidak hanya mengatur hubungan manusia dengan Allah, tetapi juga hubungan manusia dengan dirinya sendiri dan sesama manusia (Hasbi, 2015, hlm. 106).

C. Pokok-pokok Ajaran Ahlussunnah wal Jama'ah

1. Tauhid

Keyakinan akan keesaan Allah merupakan pondasi utama dalam agama Islam. Ahlussunnah wal Jama'ah mengajarkan bahwa Allah adalah satu-satunya Tuhan yang berhak disembah dan disembah dengan benar. Keesaan Allah ini mencakup keesaan dalam penciptaan, penguasaan, dan dalam menerima ibadah. Kita juga meyakini bahwa Allah memiliki sifat-sifat yang sempurna, seperti yang tercantum dalam Al-Qur'an dan hadis (Muniron, 2015, hlm. 115).

Terdapat tiga pilar utama dalam tauhid menurut pandangan Ahlussunnah wal Jama'ah. Ketiga pilar ini, yakni tauhid rububiyah, tauhid uluhiyah, dan tauhid asma wa sifat, membentuk pondasi yang kokoh bagi iman seorang muslim. Memahami dan mengamalkan ketiga pilar ini secara mendalam akan membawa kita pada keimanan yang semakin mantap dan hubungan yang semakin erat dengan Allah SWT (Wan, 2019, hlm. 19).

Tauhid rububiyah mengajarkan kita untuk senantiasa mengingat bahwa segala sesuatu yang ada di alam semesta ini adalah ciptaan Allah. Ketika kita merenungkan keindahan alam, kekuasaan Allah menjadi semakin nyata. Setiap peristiwa yang terjadi dalam hidup kita, baik suka maupun duka, adalah bagian dari rencana Allah yang maha bijaksana. Dengan memahami tauhid rububiyah, kita akan merasa tenang dan berserah diri sepenuhnya kepada Allah dalam menghadapi segala cobaan hidup (Wan, 2019, hlm. 22).

Tauhid uluhiyah menekankan bahwa hanya Allah yang layak disembah. Tidak ada satu pun makhluk di alam semesta ini yang pantas untuk disembah selain Allah. Ibadah yang kita lakukan haruslah murni hanya untuk Allah semata. Dengan memahami tauhid uluhiyah, kita akan terhindar dari perbuatan syirik, yaitu menyekutukan Allah dengan makhluk lain. Kita juga akan semakin menghargai nikmat yang telah Allah berikan dan senantiasa bersyukur kepada-Nya (Wan, 2019, hlm. 22).

Tauhid asma wa sifat mengajarkan kita untuk meyakini bahwa Allah memiliki nama-nama dan sifat-sifat yang sempurna. Nama-nama dan sifat-sifat Allah tersebut telah disebutkan dalam Al-Qur'an dan hadis. Namun, kita harus memahami bahwa pemahaman kita tentang Allah sangat terbatas. Kita tidak dapat membayangkan Allah dengan panca indra kita. Oleh karena itu, kita harus berpegang teguh pada apa yang telah Allah sampaikan dalam Al-Qur'an dan hadis (Wan, 2019, hlm. 25).

Dengan memahami ketiga pilar tauhid ini, kita akan memiliki pandangan hidup yang benar dan kokoh. Kita akan mampu membedakan antara yang hak dan yang batil, antara yang baik dan yang buruk. Kita juga akan memiliki motivasi yang kuat untuk beramal saleh dan menjauhi segala perbuatan yang dilarang oleh Allah (Wan, 2019, hlm. 30).

2. Qada dan Qadar

Konsep qada dan qadar merupakan dua pilar penting dalam pemahaman kita tentang ketetapan Allah dan peran manusia dalam kehidupan. Qada merujuk pada ketetapan Allah yang telah ditetapkan sejak azali, mencakup segala sesuatu yang akan terjadi, mulai dari rezeki hingga takdir akhir. Ini adalah ketetapan mutlak yang tidak dapat diubah oleh siapa pun. Di sisi lain, qadar adalah realisasi dari qada, yang melibatkan usaha dan tindakan manusia. Meskipun segala sesuatu telah ditentukan oleh Allah, manusia memiliki kebebasan untuk memilih dan berikhtiar. Konsep ini mengajarkan kita bahwa hidup ini adalah perpaduan antara ketetapan ilahi dan usaha manusia (Muniron, 2015, hlm. 124–125).

Pemahaman yang mendalam tentang qada dan qadar memiliki implikasi yang sangat signifikan dalam kehidupan sehari-hari. Pertama, konsep ini membantu kita meningkatkan keimanan kepada Allah SWT. Ketika kita menyadari bahwa segala sesuatu terjadi atas kehendak-Nya, kita akan lebih sabar dalam menghadapi cobaan dan lebih bersyukur atas nikmat yang telah diberikan. Kedua, konsep ini mendorong kita untuk terus berusaha dan berikhtiar. Meskipun kita percaya pada takdir, kita tetap harus berusaha semaksimal mungkin untuk mencapai tujuan hidup kita. Terakhir, qada dan qadar mengajarkan kita untuk bertanggung jawab atas pilihan dan tindakan kita. Kita tidak boleh menyalahkan takdir atas segala kesalahan yang kita perbuat. Dengan memahami konsep ini, kita dapat menjalani hidup dengan lebih tenang, penuh harapan, dan senantiasa bersyukur (Muniron, 2015, hlm. 124–125).

3. Manusia Sebagai Khalifah di Bumi

Konsep manusia sebagai khalifah Allah di bumi merupakan salah satu ajaran fundamental dalam Islam. Khalifah berarti wakil atau pemimpin. Allah SWT telah menunjuk manusia sebagai wakil-Nya di bumi dengan tugas utama untuk mengelola, memelihara, dan memakmurkan bumi. Tanggung jawab ini mencakup berbagai aspek kehidupan, mulai dari menjaga kelestarian lingkungan, membangun peradaban yang adil dan beradab, hingga menyebarkan kebaikan di muka bumi. Sebagai khalifah, manusia dituntut untuk hidup seimbang dengan alam dan sesama makhluk hidup. Kegagalan dalam menjalankan amanah ini akan berakibat buruk bagi manusia sendiri dan lingkungan sekitarnya (Muniron, 2015, hlm. 144).

Manusia merupakan makhluk yang unik, terdiri dari dua komponen utama yaitu ruh dan jasad. Ruh adalah bagian yang bersifat rohani, yang berasal dari Allah SWT dan memberikan kehidupan pada manusia. Ruh inilah yang membedakan manusia dengan makhluk lainnya. Sementara itu, jasad adalah bagian yang bersifat materi, yang berasal dari tanah. Jasad memiliki fungsi biologis yang memungkinkan manusia untuk berinteraksi dengan dunia fisik. Keduanya, ruh dan jasad, saling melengkapi dan membentuk kesatuan yang utuh. Konsep ini menunjukkan bahwa manusia memiliki dimensi spiritual dan fisik yang sama-sama penting (Muniron, 2015, hlm. 145).

Dalam Islam, manusia memiliki tingkatan keimanan dan ketakwaan yang berbeda-beda. Tingkatan ini dipengaruhi oleh sejauh mana seseorang mengamalkan ajaran Islam dan mendekatkan diri kepada Allah SWT. Orang yang memiliki keimanan yang kuat dan selalu berusaha untuk berbuat baik akan berada pada tingkatan yang lebih tinggi dibandingkan dengan orang yang lalai dan jauh dari Allah. Perbedaan tingkatan ini bukan berarti bahwa ada manusia yang lebih unggul dari yang lain di hadapan Allah, namun menunjukkan bahwa setiap individu memiliki potensi untuk terus berkembang dan meningkatkan kualitas dirinya. Konsep tingkatan kemanusiaan ini mendorong setiap muslim untuk terus berlomba-lomba dalam kebaikan dan meraih ridha Allah SWT (Muniron, 2015, hlm. 146).

Singkatnya, manusia adalah makhluk yang mulia, memiliki tanggung jawab besar sebagai khalifah di bumi, terdiri dari ruh dan jasad yang saling melengkapi, dan memiliki potensi untuk mencapai tingkatan keimanan yang lebih tinggi.

D. Latihan Soal

1. Bagaimana konsep tauhid dalam Ahlussunnah wal Jama'ah dapat menjadi solusi atas permasalahan sosial yang kompleks di era globalisasi, seperti ketidakadilan, korupsi, dan perpecahan? Jelaskan dengan

memberikan contoh-contoh konkret dan analisis mendalam.

2. Imam Al-Ghazali dikenal sebagai seorang ulama yang berhasil memadukan ilmu agama dengan filsafat. Dalam konteks dunia yang semakin kompleks saat ini, bagaimana kita dapat menggabungkan nilai-nilai Islam dengan perkembangan ilmu pengetahuan dan teknologi tanpa mengorbankan esensi ajaran Islam?
3. Jelaskan bagaimana prinsip toleransi dan moderasi dalam Ahlussunnah wal Jama'ah dapat menjadi kontribusi positif dalam membangun perdamaian dunia. Analisislah tantangan-tantangan yang dihadapi dalam mewujudkan nilai-nilai tersebut di tengah maraknya radikalisme dan ekstremisme.
4. Bagaimana seorang muslim Ahlussunnah wal Jama'ah dapat menjadi seorang pemimpin yang inspiratif dan membawa perubahan positif bagi masyarakat?

BAB 11
ILMU KALAM MODERN MUHAMMAD ABDUH

A. Sejarah dan Implikasi Kemunculan Ilmu Kalam modern: Muhammad Abduh

Penulis akan memberikan gambaran perbandingan ilmu kalam tradisional dan ilmu kalam modern sebelum masuk ke latar belakang Muhammad Abduh. Ilmu kalam tradisional, yang berkembang pesat pada masa-masa awal Islam, berfokus pada pembelaan terhadap akidah Islam. Para ulama kala itu menghadapi berbagai tantangan dari berbagai aliran pemikiran, baik dari dalam maupun luar Islam. Ilmu kalam tradisional lebih bersifat membuktikan kebenaran ajaran Islam secara rasional (Ahmad, 2016, hlm. 148–149).

Ajaran Islam dihadapkan pada berbagai tantangan dan pemikiran yang berbeda, para ulama mengembangkan sebuah disiplin ilmu yang disebut ilmu kalam. Ilmu kalam ini bagaikan benteng pertahanan bagi akidah Islam, melindungi dan menjelaskan kebenaran ajarannya. Para ahli kalam kala itu dengan tekun mendalami dan menggali ayat-ayat Al-Qur'an serta hadis Nabi untuk menemukan jawaban atas berbagai pertanyaan dan keraguan yang muncul (Ahmad, 2016, hlm. 147).

Fokus utama ilmu kalam tradisional adalah pada masalah-masalah teologis yang mendasar, seperti sifat-sifat Tuhan yang Maha Esa, hubungan antara Tuhan dan manusia, serta persoalan kebebasan manusia dan kehidupan setelah kematian. Para ulama menggunakan metode deduktif dalam berargumen, yakni menarik kesimpulan berdasarkan premis-premis yang dianggap sudah mapan dan benar, seperti ayat-ayat Al-Qur'an dan hadis yang sahih. Bahasa yang digunakan dalam ilmu kalam cenderung kaku dan formal, penuh dengan istilah-istilah teknis yang khas, serta berorientasi pada penafsiran literal terhadap teks-teks agama. Dengan demikian, ilmu kalam tradisional berperan penting dalam menjaga kemurnian akidah Islam dan mewariskannya kepada generasi selanjutnya (K. Ahmad, 2013, hlm. 107).

Dalam upaya melindungi dan menjelaskan ajaran Islam, para ahli kalam tradisional juga berusaha untuk merasionalkan berbagai aspek keyakinan Islam. Mereka menggunakan akal dan logika untuk membuktikan kebenaran ajaran Islam serta menjawab berbagai pertanyaan yang diajukan oleh para pemikir non-Muslim. Ilmu kalam tidak hanya berfungsi sebagai alat pembelaan diri, tetapi juga sebagai sarana untuk menyebarkan ajaran Islam kepada kalangan yang lebih luas (Ahmad, 2016, hlm. 149).

Pada masa modern, derasnya arus modernisasi dan perkembangan ilmu pengetahuan yang begitu pesat, para pemikir Islam merasa perlu untuk melakukan penyesuaian terhadap pemahaman dan penerapan ajaran Islam. Muncullah kemudian ilmu kalam modern, sebuah aliran pemikiran yang berupaya merevitalisasi ajaran Islam agar tetap relevan dengan tantangan zaman (Ahmad, 2016, hlm. 150).

Ilmu kalam modern tidak hanya berfokus pada persoalan-persoalan teologis yang abstrak, namun juga menyoroti isu-isu sosial, politik, dan budaya yang kontekstual. Para pemikir modern menggunakan metode induktif dalam menganalisis berbagai fenomena, yakni menarik kesimpulan umum berdasarkan data dan fakta empiris yang ada. Bahasa yang digunakan pun lebih sederhana dan mudah dipahami oleh masyarakat luas, sehingga pesan-pesan keagamaan dapat disampaikan secara lebih efektif. Dalam menafsirkan teks-teks agama, para pemikir modern juga mempertimbangkan konteks sosial dan budaya di mana teks tersebut dihasilkan, sehingga penafsiran yang dihasilkan menjadi lebih relevan dengan zaman (K. Ahmad, 2013, hlm. 106).

Salah satu tujuan utama ilmu kalam modern adalah untuk menunjukkan bahwa agama dan ilmu pengetahuan tidak perlu saling bertentangan. Justru, keduanya dapat saling melengkapi dan memperkaya satu sama lain. Para pemikir modern berusaha mencari titik temu antara ajaran agama dengan temuan-temuan ilmiah, sehingga Islam dapat dilihat sebagai agama yang rasional dan sejalan dengan perkembangan ilmu pengetahuan (K. Ahmad, 2013, hlm. 112).

Ilmu kalam modern tidak hanya berperan sebagai pembela ajaran Islam, tetapi juga sebagai pemandu umat Islam dalam menghadapi tantangan modernitas. Ilmu kalam modern diharapkan dapat melahirkan generasi muslim yang cerdas, berakhlak mulia, dan mampu berkontribusi positif bagi kemajuan peradaban manusia (K. Ahmad, 2013, hlm. 112).

Muhammad Abduh lahir pada tahun 1849 di Delta Nil, Mesir. Kehidupannya pada abad ke-19 dan awal abad ke-20 merupakan masa di mana dunia Islam mengalami kemunduran dan dikuasai oleh kekuatan kolonial Barat. Dominasi Barat tidak hanya dalam bidang politik, tetapi juga dalam ilmu pengetahuan dan pemikiran. Di tengah situasi yang penuh tantangan tersebut, muncullah sosok Muhammad Abduh, seorang ulama yang memiliki visi jauh ke depan untuk membangkitkan kembali kejayaan Islam (Jaelani, 2023, hlm. 172).

Mesir, tempat kelahiran Muhammad Abduh, menjadi salah satu pusat peradaban Islam yang mengalami kemunduran akibat penjajahan Inggris. Tradisi keagamaan yang kaku, pemahaman agama yang sempit, serta kurangnya perhatian terhadap perkembangan ilmu pengetahuan modern menjadi ciri khas masyarakat Mesir pada masa itu. Dalam konteks inilah, pemikiran-pemikiran Muhammad Abduh tentang pembaharuan Islam menjadi sangat relevan dan dibutuhkan (Jaelani, 2023, hlm. 173).

Sebagai seorang ulama yang memiliki pemahaman mendalam tentang Al-Qur'an dan hadis, Muhammad Abduh menyadari bahwa Islam adalah agama yang dinamis dan tidak bertentangan dengan kemajuan ilmu pengetahuan. Ia melihat bahwa banyak masalah yang dihadapi umat Islam disebabkan oleh penafsiran agama yang terlalu kaku dan kurang memperhatikan konteks zaman. Oleh karena itu, Muhammad Abduh berusaha untuk menggali kembali sumber-sumber asli ajaran Islam dan menginterpretasikannya dengan cara yang lebih rasional dan relevan dengan tantangan zaman (Jaelani, 2023, hlm. 179).

B. Pokok-pokok Pemikiran Muhammad Abduh

1. Kedudukan Akal dan Fungsi Wahyu

Muhammad Abduh menempatkan akal sebagai pilar utama dalam memahami agama. Baginya, akal adalah anugerah Tuhan yang paling mulia bagi manusia. Akal memungkinkan manusia untuk berpikir kritis, menganalisis, dan mencari kebenaran. Oleh karena itu, Abduh mendorong umat Islam untuk menggunakan akal dalam menafsirkan ajaran agama. Namun, Abduh tidak menempatkan akal sebagai satu-satunya sumber pengetahuan. Ia mengakui bahwa ada banyak hal yang melampaui jangkauan akal manusia. Di sinilah peran wahyu menjadi sangat penting. Wahyu, menurut Abduh, berfungsi sebagai pelengkap akal. Wahyu memberikan petunjuk-petunjuk yang tidak dapat dicapai oleh akal manusia, seperti hal-hal yang berkaitan dengan gaib dan akhirat. Dengan demikian, Abduh menyeimbangkan antara penggunaan akal dan penerimaan terhadap wahyu (Yasin et al., 2014, hlm. 77).

Dalam pandangan Muhammad Abduh, akal dan wahyu bukanlah dua hal yang bertentangan, melainkan saling melengkapi. Akal berfungsi sebagai alat untuk memahami wahyu, sedangkan wahyu memberikan arah dan tujuan bagi penggunaan akal. Dengan kata lain, akal menjadi mata yang melihat kebenaran yang dibawa oleh wahyu. Wahyu pun, dengan segala kemahakuasaannya, memberikan kepastian dan keyakinan kepada manusia tentang kebenaran yang telah diketahuinya melalui akal. Melalui pendekatan yang seimbang antara akal dan wahyu, Abduh berusaha untuk menghadirkan Islam sebagai agama yang rasional dan relevan dengan perkembangan zaman (Sahrodi, 2021, hlm. 85).

Pemikiran Muhammad Abduh tentang keseimbangan antara akal dan wahyu memiliki implikasi yang sangat signifikan terhadap cara umat Islam menafsirkan agama. Pertama, Abduh mendorong umat Islam untuk melakukan ijtihad atau penafsiran yang mendalam terhadap teks-teks agama. Dengan menggunakan akal, umat Islam didorong untuk menggali makna yang lebih luas dan mendalam dari Al-Qur'an dan hadis, sehingga dapat menyesuaikan ajaran agama dengan konteks zaman yang terus berubah. Kedua, penafsiran agama tidak lagi bersifat kaku dan literal, melainkan lebih fleksibel dan adaptif. Umat Islam diajak untuk melihat teks-teks agama sebagai sumber inspirasi dan pedoman hidup, bukan sebagai aturan yang mutlak dan tidak dapat diubah. Ketiga, Abduh juga menekankan pentingnya konteks sosial dan budaya dalam memahami teks agama. Artinya, penafsiran terhadap suatu ayat atau hadis harus mempertimbangkan kondisi sosial, budaya, dan sejarah pada saat ayat atau hadis tersebut diturunkan (Muniron, 2015, hlm. 29).

Implikasi lain yang penting adalah munculnya pendekatan yang lebih rasional dan ilmiah dalam memahami agama.

Dengan menempatkan akal sebagai alat utama dalam memahami agama, Abduh membuka jalan bagi pengembangan ilmu-ilmu keislaman yang lebih modern dan relevan dengan perkembangan ilmu pengetahuan. Selain itu, pemikiran Abduh juga mendorong munculnya berbagai interpretasi baru terhadap ajaran Islam yang lebih inklusif dan toleran. Namun, penting untuk diingat bahwa penggunaan akal dalam menafsirkan agama harus tetap berada dalam koridor yang ditetapkan oleh wahyu. Akal tidak boleh digunakan untuk menyimpang dari ajaran pokok Islam (Jaelani, 2023, pp. 179–180).

2. Mengikis Sikap Jumud dan Khurafat

Salah satu sumbangsih terbesar Muhammad Abduh bagi dunia Islam adalah upaya gigihnya dalam mengikis sikap jumud (kolot) dan khurafat yang telah mengakar dalam masyarakat Muslim pada masanya. Abduh melihat bahwa sikap jumud dan taklid buta terhadap pendapat ulama terdahulu telah menghambat perkembangan pemikiran Islam dan menyebabkan umat Islam tertinggal jauh di belakang peradaban manusia lainnya (Faqihuddin, 2021, hlm. 33).

Abduh dengan tegas menolak sikap taklid buta. Ia mendorong umat Islam untuk tidak hanya menerima begitu saja apa yang telah diajarkan oleh para pendahulunya, tetapi juga untuk menguji dan menilainya dengan akal sehat. Menurutnya, setiap individu memiliki tanggung jawab untuk memahami agamanya secara langsung dari sumber-sumber utamanya, yaitu Al-Qur'an dan hadis. Dengan demikian, umat Islam diharapkan dapat mengembangkan pemahaman agama yang lebih mendalam dan relevan dengan konteks zamannya (Faqihuddin, 2021, hlm. 33).

Untuk mencapai tujuan tersebut, Abduh berupaya keras untuk memperbaharui pemikiran Islam. Ia melihat bahwa

Islam adalah agama yang dinamis dan tidak bertentangan dengan kemajuan ilmu pengetahuan. Oleh karena itu, Abduh mengajak umat Islam untuk membuka diri terhadap perkembangan ilmu pengetahuan dan teknologi. Ia berpendapat bahwa ilmu pengetahuan dapat membantu umat Islam dalam memahami alam semesta dan hukum-hukum Tuhan dengan lebih baik (Faqihuddin, 2021, hlm. 33).

Selain itu, Muhammad Abduh juga melihat salah satu akar permasalahan yang menghambat perkembangan Islam adalah keberadaan khurafat. Khurafat, dalam konteks ini, dapat dipahami sebagai kepercayaan atau praktik yang tidak memiliki dasar yang kuat dalam ajaran Islam yang autentik, seperti Al-Qur'an dan hadis yang sahih. Khurafat seringkali bersumber dari mitos, legenda, atau interpretasi yang keliru terhadap teks-teks agama (Faqihuddin, 2021, hlm. 32).

Abduh melihat bahwa khurafat memiliki ontologi yang berbeda dengan ajaran Islam yang benar. Jika ajaran Islam dibangun di atas fondasi tauhid (keesaan Tuhan), rasionalitas, dan kemanusiaan, maka khurafat justru bertentangan dengan prinsip-prinsip tersebut. Khurafat seringkali mengarah pada sikap takhayul, animisme, atau bahkan politeisme, yaitu kepercayaan terhadap kekuatan-kekuatan gaib di luar Allah SWT. Hal ini tentu saja bertentangan dengan prinsip tauhid yang menempatkan Allah sebagai satu-satunya Tuhan yang berhak disembah (Muqoyyidin, 2013, hlm. 298–299).

Lebih lanjut, Abduh berargumen bahwa khurafat dapat merusak akidah umat Islam. Ketika seseorang terjebak dalam belenggu khurafat, ia cenderung menggantungkan nasibnya pada hal-hal yang bersifat mistis dan irasional. Akibatnya, ia menjadi kurang percaya pada kuasa Allah SWT dan lebih mudah terpengaruh oleh godaan setan. Selain itu, khurafat juga dapat menghambat perkembangan ilmu pengetahuan dan teknologi, karena seringkali dikaitkan dengan larangan atau pantangan yang tidak memiliki dasar yang jelas dalam ajaran Islam (Muqoyyidin, 2013, hlm. 298–299).

Dalam pandangan Abduh, khurafat merupakan penyakit yang harus segera diobati. Untuk itu, umat Islam perlu kembali kepada sumber-sumber ajaran Islam yang asli, yaitu Al-Qur'an dan hadis yang sahih. Dengan memahami ajaran Islam secara benar, umat Islam akan mampu membedakan antara ajaran yang benar dan yang salah, antara yang rasional dan yang irasional. Selain itu, umat Islam juga perlu mengembangkan sikap kritis dan rasional dalam menghadapi berbagai informasi, sehingga tidak mudah terpengaruh oleh mitos dan legenda yang tidak berdasar (Faqihuddin, 2021, hlm. 33–34).

3. Ijtihad Sebagai Kunci Pembaruan dalam Islam

Salah satu sumbangsih terbesar Muhammad Abduh bagi dunia Islam adalah penekanannya pada pentingnya ijtihad. Ijtihad, dalam konteks pemikiran Abduh, bukan sekadar upaya interpretasi terhadap teks agama, melainkan sebuah kewajiban bagi umat Islam untuk terus menggali dan mengembangkan hukum Islam agar tetap relevan dengan perkembangan zaman. Abduh melihat bahwa pintu ijtihad tidak pernah tertutup, melainkan selalu terbuka bagi mereka yang memiliki kapasitas dan keahlian untuk melakukannya (Kuncahyo et al., 2024, hlm. 27).

Dengan membuka kembali pintu ijtihad, Abduh menawarkan solusi bagi permasalahan yang dihadapi umat Islam. Ia berpendapat bahwa dengan melakukan ijtihad, umat Islam dapat menemukan jawaban atas permasalahan baru yang muncul dalam masyarakat yang terus berubah. Ijtihad memungkinkan umat Islam untuk menyesuaikan hukum Islam dengan konteks sosial, budaya, dan ilmu pengetahuan yang terus berkembang. Dengan demikian, Islam tidak akan terjebak dalam tradisi yang statis, melainkan tetap menjadi agama yang dinamis dan relevan bagi kehidupan manusia (Kuncahyo et al., 2024, hlm. 28).

Pemikiran Abduh tentang ijtihad dapat dianggap sebagai jalan tengah antara sikap jumud (kolot) dan sikap terlalu bebas dalam menafsirkan agama. Di satu sisi, Abduh menolak sikap jumud yang cenderung mempertahankan tradisi tanpa melakukan evaluasi kritis. Di sisi lain, Abduh juga tidak membenarkan sikap terlalu bebas yang dapat mengarah pada penafsiran yang sembarangan dan menyimpang dari ajaran Islam yang benar. Ijtihad yang dilakukan oleh Abduh dan para pengikutnya selalu didasarkan pada Al-Qur'an dan hadis sebagai sumber hukum yang utama. Namun, dalam memahami dan menerapkan Al-Qur'an dan hadis, ijtihad memberikan ruang bagi manusia untuk menggunakan nalarnya (Muqoyyidin, 2013, hlm. 297–298).

C. Latihan Soal

1. Bagaimana Anda melihat relevansi pemikiran Muhammad Abduh dalam konteks dunia Islam saat ini?
2. Menurut Anda, apa saja tantangan yang dihadapi oleh pemikiran Muhammad Abduh dalam penerapannya?
3. Bagaimana kita dapat menggabungkan antara nilai-nilai tradisional Islam dengan nilai-nilai modern dalam kehidupan kita?
4. Bagaimana pemikiran Muhammad Abduh tentang ijtihad dapat menjadi solusi bagi permasalahan yang dihadapi umat Islam di era modern? Jelaskan dengan memberikan contoh-contoh konkret.

BAB 12
ILMU KALAM MODERN MUHAMMAD IQBAL

A. Sejarah dan Implikasi Kemunculan Ilmu Kalam modern: Muhammad Iqbal

Muhammad Iqbal, atau yang lebih dikenal sebagai Allama Iqbal, adalah sosok yang sangat berpengaruh dalam sejarah Islam di abad ke-20. Lahir di Sialkot, Punjab (sekarang Pakistan) pada tahun 1877, Iqbal sejak kecil telah menunjukkan kecerdasan dan minat yang besar terhadap ilmu pengetahuan dan agama. Pendidikan formalnya dimulai di sebuah madrasah lokal, di mana ia mempelajari dasar-dasar agama Islam. Keinginannya untuk memperdalam ilmu pengetahuan kemudian membawanya melanjutkan studi ke berbagai universitas ternama, seperti Government College Lahore dan Trinity College, Cambridge (Bahaf, 2008, hlm. 170).

Setelah menyelesaikan studinya, Iqbal kembali ke India dan mulai berkarier sebagai seorang pengajar. Selain itu, ia juga aktif terlibat dalam berbagai kegiatan sosial dan politik. Iqbal dikenal sebagai seorang pemikir yang kritis dan visioner. Ia banyak menulis puisi, esai, dan artikel yang membahas tentang berbagai isu kontemporer yang dihadapi oleh umat Islam, seperti kolonialisme, modernisasi, dan kebangkitan nasionalisme. Karya-karyanya yang paling terkenal adalah *Asrar-e-Khudi* (Rahasia Ego) dan *Rumuz-e-Bekhudi* (Rahasia Ketidak-egoan) (Zuhri, 2013, hlm. 192).

Iqbal merupakan filsuf Islam yang telah menginspirasi banyak generasi muda Muslim untuk berpikir kritis dan kreatif. Iqbal juga dianggap sebagai salah satu tokoh yang paling berperan dalam pembentukan negara Pakistan. Pidatonya di sesi All-India Muslim League pada tahun 1930, di mana ia menyerukan pembentukan sebuah negara Muslim yang terpisah dari India, menjadi tonggak sejarah penting dalam perjuangan kemerdekaan Pakistan (Ruslan, 2012, hlm. 66).

Sebagai seorang pemikir Islam, Iqbal memiliki pandangan yang unik tentang hubungan antara agama dan modernitas. Ia meyakini bahwa Islam tidak bertentangan dengan kemajuan dan peradaban modern. Sebaliknya, Islam justru memberikan landasan yang kuat untuk membangun sebuah masyarakat yang adil dan makmur. Iqbal juga menekankan pentingnya peran individu dalam mewujudkan perubahan sosial. Menurutnya, setiap individu memiliki potensi untuk menjadi seorang pemimpin dan agen perubahan (Ruslan, 2012, p. 64).

Pemikiran Iqbal tentang ilmu kalam cukup kompleks dan menarik untuk dikaji. Ia tidak secara eksplisit menolak ilmu kalam, namun ia juga tidak sepenuhnya mengadopsi pendekatan tradisional ilmu kalam. Iqbal lebih tertarik pada aspek-aspek filsafat dan sosiologis dari agama Islam. Iqbal, dalam pandangannya terhadap ilmu kalam, menawarkan sebuah pendekatan yang lebih dinamis dan humanis. Ia mengkritik sifat statis dan dogmatis dari ilmu kalam tradisional, menekankan bahwa Islam adalah agama yang senantiasa relevan dengan konteks zaman. Dengan demikian, pemahaman terhadap ajaran Islam perlu terus diperbarui dan disesuaikan dengan perkembangan zaman. Lebih jauh, Iqbal menempatkan manusia sebagai pusat perhatian dalam memahami agama. Ia berargumen bahwa tujuan utama agama adalah untuk memuliakan manusia dan mendorong mereka untuk mencapai potensi terbaiknya. Dalam konteks ini, ilmu kalam harus mampu memberikan jawaban atas pertanyaan-pertanyaan fundamental tentang kehidupan manusia dan makna eksistensi. Selain itu, Iqbal juga mendorong integrasi antara ilmu pengetahuan dan agama, melihat keduanya sebagai dua sisi mata uang yang saling melengkapi. Ilmu pengetahuan membantu kita memahami alam semesta, sementara agama memberikan kita pemahaman tentang makna kehidupan (Nasir, 2022, hlm. 30).

Implikasi pemikiran Iqbal membawa angin segar bagi perkembangan ilmu kalam. Ia mendorong para ilmuwan kalam untuk keluar dari zona nyaman dan melakukan pembaharuan agar relevan dengan dinamika zaman. Alih-alih terjebak dalam perdebatan-perdebatan yang bersifat abstrak, ilmu kalam perlu lebih fokus pada aspek-aspek praktis yang menyentuh kehidupan sehari-hari umat Islam, seperti etika, sosial, dan politik. Selain itu, Iqbal juga menyerukan integrasi antara ilmu kalam dengan disiplin ilmu lain, seperti filsafat, sosiologi, dan ilmu alam. Dengan demikian, pemahaman terhadap ajaran Islam dapat diperkaya dan relevan dengan perkembangan intelektual manusia modern (Zuhri, 2013, hlm. 193–195).

B. Pokok-pokok Pemikiran Muhammad Iqbal

1. Ijtihad dan Ilmu Pengetahuan

Muhammad Iqbal, salah satu pemikir Muslim terkemuka, menawarkan sebuah visi Islam yang dinamis dan relevan dengan tantangan zaman modern. Salah satu konsep kunci dalam pemikirannya adalah ijtihad. Bagi Iqbal, ijtihad bukan hanya sekadar metode penafsiran teks agama, tetapi juga merupakan semangat untuk terus berinovasi dan mencari solusi atas permasalahan umat (Hidayatullah, 2018, hlm. 115).

Iqbal mengkritik pandangan yang menganggap bahwa pemahaman terhadap ajaran Islam sudah final dan tidak dapat diubah. Ia berpendapat bahwa pintu ijtihad selalu terbuka, dan umat Islam harus terus berupaya untuk memahami dan menginterpretasikan ajaran Islam secara mendalam, sehingga dapat menemukan solusi yang relevan dengan permasalahan yang dihadapi umat manusia di setiap zaman (Hidayatullah, 2018, hlm. 110).

Selain itu, Iqbal juga menekankan pentingnya integrasi antara ilmu pengetahuan dan agama. Ia melihat bahwa keduanya saling melengkapi dan tidak bertentangan. Ilmu pengetahuan, menurut Iqbal, dapat membantu kita memahami alam semesta secara lebih mendalam, sedangkan agama memberikan kita pemahaman tentang makna kehidupan yang lebih luas. Dengan demikian, Islam tidak hanya menjadi agama yang mengatur kehidupan pribadi, tetapi juga menjadi sumber inspirasi bagi kemajuan peradaban (Hidayatullah, 2018, hlm. 12-13).

2. Kemanusiaan sebagai Inti Ajaran Agama

Muhammad Iqbal, dengan visi kemanusiaannya yang luas, menempatkan manusia sebagai pusat perhatian dalam seluruh pemikirannya. Ia melihat agama, khususnya Islam, sebagai sebuah sistem yang dirancang untuk memuliakan manusia dan mendorong mereka untuk mencapai potensi tertinggi yang telah dianugerahkan oleh Tuhan. Bagi Iqbal, tujuan akhir dari kehidupan manusia adalah untuk mencapai kesempurnaan spiritual dan moral. Dalam konteks ini, agama berfungsi sebagai panduan bagi manusia untuk mencapai tujuan mulia tersebut. Iqbal meyakini bahwa setiap individu memiliki potensi yang tak terbatas untuk berkembang dan berkontribusi bagi kemaslahatan umat manusia. Oleh karena itu, agama seharusnya menjadi sumber inspirasi dan motivasi bagi manusia untuk terus belajar, berinovasi, dan berkarya (Hidayatullah, 2018, hlm. 12-13).

Iqbal menyadari pentingnya keseimbangan antara pengembangan diri individu dan tanggung jawab sosial. Ia tidak menganut individualisme ekstrem yang mengabaikan kepentingan bersama, namun juga tidak menganut kolektivisme yang meniadakan kebebasan individu. Bagi Iqbal, individu memiliki hak untuk mengembangkan potensi dirinya secara maksimal, namun dalam kerangka nilai-nilai kemanusiaan dan tanggung jawab sosial. Individu yang ideal adalah individu yang mampu menggabungkan antara kepentingan pribadi dengan kepentingan masyarakat. Dengan kata lain, individu harus mampu berkontribusi bagi kesejahteraan masyarakat tanpa mengorbankan kebebasan dan martabatnya (Bahaf, 2008, hlm. 176).

Pada tingkat negara, pandangan Iqbal tentang nasionalisme dan internasionalisme cukup kompleks. Di satu sisi, ia mendukung nasionalisme sebagai upaya untuk membangun identitas nasional dan persatuan bangsa. Bagi Iqbal, nasionalisme yang sehat dapat menjadi kekuatan pendorong bagi kemajuan suatu bangsa. Namun, di sisi lain, Iqbal juga sangat kritis terhadap nasionalisme yang ekstrem dan cenderung mengarah pada chauvinisme dan diskriminasi. Ia menekankan bahwa nasionalisme harus diimbangi dengan semangat persaudaraan universal. Iqbal meyakini bahwa umat manusia pada dasarnya adalah satu keluarga besar dan memiliki tanggung jawab untuk saling membantu dan bekerja sama untuk mencapai kesejahteraan bersama. Oleh karena itu, nasionalisme yang sehat harus mampu berkoeksistensi dengan semangat internasionalisme (Ruslan, 2012, hlm. 66-67).

Pemikiran Iqbal tentang manusia dan masyarakat memberikan kontribusi yang sangat berharga bagi pengembangan pemikiran Islam modern. Dengan menekankan pentingnya kemanusiaan, keseimbangan antara individualisme dan kolektivisme, serta nasionalisme yang moderat, Iqbal menawarkan sebuah visi Islam yang humanis, inklusif, dan relevan dengan tantangan zaman (Ruslan, 2012, hlm. 65).

3. Pendidikan Sepanjang Hayat

Muhammad Iqbal memiliki pandangan yang mendalam tentang pendidikan. Baginya, pendidikan bukanlah sekadar proses transfer pengetahuan di lembaga formal seperti sekolah atau universitas, melainkan sebuah perjalanan panjang yang berlangsung seumur hidup. Iqbal meyakini bahwa setiap individu memiliki potensi yang tak terbatas untuk terus belajar dan berkembang. Pendidikan informal, seperti pengalaman hidup, interaksi sosial, dan membaca, memiliki peran yang sangat penting dalam membentuk karakter dan kepribadian seseorang. Dengan demikian, pendidikan tidak hanya terbatas pada ruang kelas, tetapi juga terjadi di mana saja dan kapan saja. Iqbal mendorong setiap individu untuk memiliki semangat belajar yang tinggi dan terus-menerus memperkaya diri dengan pengetahuan dan keterampilan baru (Bahroni, 2011, hlm. 197).

Selain menekankan pentingnya pendidikan formal dan informal, Iqbal juga sangat memperhatikan aspek pembentukan karakter. Baginya, pendidikan tidak hanya bertujuan untuk menghasilkan individu yang cerdas dan berpengetahuan luas, tetapi juga individu yang memiliki karakter yang mulia. Pendidikan karakter, menurut Iqbal, bertujuan untuk menanamkan nilai-nilai luhur seperti kejujuran, tanggung jawab, toleransi, dan kasih sayang. Dengan memiliki karakter yang baik, seseorang akan mampu hidup berdampingan dengan orang lain secara harmonis dan berkontribusi positif bagi masyarakat. Iqbal meyakini bahwa pendidikan karakter harus dimulai sejak dini dan dilakukan secara berkelanjutan (Bahroni, 2011, hlm. 199).

Iqbal memandang pendidikan sebagai sebuah proses yang holistik, yang mengintegrasikan antara pengembangan intelektual dan pembentukan karakter. Pengetahuan yang luas tanpa diimbangi dengan karakter yang baik tidak akan membawa manfaat yang optimal bagi individu maupun masyarakat. Sebaliknya, seseorang yang memiliki karakter yang baik namun kekurangan pengetahuan akan kesulitan untuk menghadapi tantangan hidup yang semakin kompleks. Oleh karena itu, pendidikan harus dirancang sedemikian rupa sehingga mampu mengembangkan kedua aspek tersebut secara seimbang. Pendidikan yang ideal, menurut Iqbal, adalah pendidikan yang mampu melahirkan individu yang tidak hanya cerdas dan berpengetahuan, tetapi juga memiliki akhlak yang mulia dan mampu menjadi agen perubahan positif bagi masyarakat (Bahroni, 2011, hlm. 200).

C. Latihan Soal

1. Jelaskan bagaimana pemikiran Muhammad Iqbal dapat dianggap sebagai representasi dari pemikiran Islam modern. Berikan contoh-contoh konkret dari pemikirannya yang menunjukkan relevansi dengan tantangan zaman.
2. Bagaimana hubungan antara pendidikan karakter dan pengembangan intelektual dalam pandangan Iqbal? Berikan contoh-contoh konkret tentang bagaimana kedua aspek ini dapat diintegrasikan dalam proses pendidikan.
3. Jelaskan bagaimana Iqbal menempatkan manusia sebagai pusat perhatian dalam pemikirannya. Bagaimana konsep kemanusiaan ini tercermin dalam pandangannya tentang agama, masyarakat, dan negara?
4. Bagaimana kita dapat menerapkan pemikiran Iqbal untuk membangun masa depan Islam yang lebih baik?

Jelaskan dengan mengacu pada konsep-konsep kunci dalam pemikirannya.

BAB 13
ILMU KALAM MODERN HASAN HANAFI

A. Sejarah dan Implikasi Kemunculan Ilmu Kalam modern: Hasan Hanafi

Hassan Hanafi lahir pada tanggal 13 Februari 1935 di Kairo, Mesir. Ia tumbuh dalam lingkungan yang kaya akan tradisi intelektual Islam. Sejak muda, Hanafi telah menunjukkan minat yang besar terhadap studi agama dan filsafat. Pengalaman hidup Hasan Hanafi yang unik, yakni menyaksikan peralihan dari masa kerajaan ke masa republik di Mesir, telah memberikan warna yang sangat khas pada pemikirannya. Masa kecil dan remaja yang dilaluinya dalam suasana monarki Mesir, dengan segala ritual dan hierarki sosialnya, telah membentuk dasar pemahamannya tentang kekuasaan, otoritas, dan hubungan antara penguasa dan rakyat. Pengalaman ini kemudian bertransformasi ketika ia hidup dalam era republik, di mana terjadi pergeseran paradigma politik dan sosial yang signifikan (Bahaf, 2008, hlm. 187).

Perjalanan hidup Hasan Hanafi melalui dua era yang sangat berbeda, era kerajaan dan era republik, telah sangat memengaruhi pandangan dunia dan kepekaan sosialnya. Transisi antara kedua periode ini tidak hanya mengubah lanskap politik, tetapi juga membentuk kembali tatanan sosial masyarakat. Transformasi ini membuat Hanafi semakin menyadari perbedaan antara cita-cita sosial dan realitas hidup orang-orang di sekitarnya. Saat ia menavigasi melalui lingkungan yang kontras ini, pengalamannya menumbuhkan lensa kritis yang melaluinya ia mulai mempertanyakan norma-norma yang telah lama berlaku dan mencari solusi inovatif untuk tantangan masyarakat yang ia amati (Gufron, 2018, hlm. 148–149).

Sistem Pemerintahan Era kerajaan, yang dicirikan oleh sistem pemerintahan otoriter yang sentralistis, memberlakukan kontrol ketat terhadap penduduk. Sistem ini sering kali membungkam perbedaan pendapat dan meminggirkan suara-suara yang menginginkan perubahan. Dalam konteks ini, Hanafi menyaksikan secara langsung implikasi dari struktur kekuasaan absolut, di mana keputusan dibuat untuk rakyat, bukan bersama rakyat. Pergeseran tajam ke era republik memperkenalkan kerangka demokrasi yang sedang berkembang, meskipun masih bergulat dengan kekurangan dan keterbatasannya sendiri. Kontras ini menjelaskan kepada Hanafi tentang pentingnya demokrasi, hak asasi manusia, dan keterlibatan masyarakat dalam pemerintahan. Ia menyadari bahwa pemerintah yang benar-benar mewakili rakyatnya harus memprioritaskan suara dan kebutuhan mereka, yang memicu komitmen seumur hidup untuk mengadvokasi cita-cita demokrasi dan partisipasi aktif warga negara (Hefni, 2011, hlm. 172).

Peran agama selama era kerajaan sebagian besar adalah sebagai legitimasi—alat yang ampuh yang digunakan oleh para penguasa untuk membenarkan otoritas mereka dan menekan perbedaan pendapat. Dalam lingkungan ini, Hanafi mengamati bagaimana narasi agama sering dimanipulasi untuk mempertahankan kendali dan melanggengkan ketimpangan sosial. Namun, munculnya era republik membawa perubahan yang signifikan, karena gerakan untuk memisahkan agama dari negara semakin menguat. Kontras ini mendorong Hanafi untuk mengevaluasi kembali fungsi agama dalam masyarakat. Ia mulai memahami bahwa meskipun agama memiliki makna yang mendalam bagi banyak orang, keterkaitannya dengan kekuasaan negara dapat menyebabkan penindasan dan manipulasi. Kesadaran ini mendorong Hanafi untuk mengadvokasi pemahaman agama yang lebih bernuansa—yang menjunjung tinggi nilai-nilai moral sambil mempromosikan kebebasan dan keadilan dalam masyarakat (Hefni, 2011, hlm. 170–172).

Keadilan Sosial Selama era kerajaan, ketimpangan sosial terlihat jelas, dengan jurang yang sangat lebar yang memisahkan kaum elit yang memiliki hak istimewa dari mayoritas yang miskin. Ketimpangan yang mencolok ini sangat memengaruhi Hanafi, yang mengamati perjuangan mereka yang terjebak dalam siklus kemiskinan dan ketidakadilan. Sebaliknya, era republik, meskipun tantangannya terus berlanjut, menandai periode upaya bersama untuk mewujudkan keadilan sosial. Inisiatif yang ditujukan untuk mengatasi ketimpangan dan meningkatkan kondisi kehidupan kelompok-kelompok yang terpinggirkan mulai terbentuk, menumbuhkan rasa harapan dan kemungkinan. Lanskap yang berkembang ini meningkatkan kesadaran Hanafi tentang masalah sosial, mendorongnya untuk menjadi advokat perubahan. Ia menyadari bahwa mengatasi kemiskinan, ketidakadilan, dan marginalisasi tidak hanya membutuhkan kesadaran tetapi juga keterlibatan aktif dalam mencari solusi yang dapat mengangkat masyarakat secara keseluruhan (Hefni, 2011, hlm. 170–172).

Peran kaum intelektual selama era kerajaan sebagian besar dibatasi oleh kekuatan penguasa, yang lebih suka mempertahankan kendali atas penyebaran gagasan dan pemikiran kritis. Hanafi mengalami keterbatasan ini secara langsung, merasakan beban penyensoran dan penindasan terhadap suara-suara yang tidak setuju. Namun, transisi ke era republik memberikan ruang baru bagi kaum intelektual untuk mengekspresikan gagasan mereka dan mengkritik norma-norma masyarakat. Kontras ini mengilhami Hanafi untuk membenamkan dirinya dalam dunia intelektual, menyadari pentingnya kebebasan berpikir dan berekspresi dalam mendorong kemajuan masyarakat. Ia menjadi berkomitmen untuk menggunakan pengejaran intelektualnya tidak hanya sebagai sarana pertumbuhan pribadi tetapi juga sebagai platform untuk berkontribusi pada diskusi sosial yang lebih luas dan mengadvokasi reformasi (Zainuddin, 2015, hlm. 44-45).

Berbagai pengalaman hidup Hanafi yang kaya, dijalin melalui jalinan konteks politik dan sosial yang kontras, telah memberikan dampak yang bertahan lama pada perspektifnya, khususnya mengenai agama. Menyaksikan penyalahgunaan agama sebagai instrumen politik memicu skeptisismenya terhadap interpretasi yang kaku dan dogmatis. Sebaliknya, Hanafi berusaha merumuskan pemahaman yang lebih relevan tentang agama—yang selaras dengan tantangan kontemporer dan menawarkan solusi bagi berbagai masalah mendesak yang dihadapi oleh umat manusia. Perjalanannya mencerminkan komitmen mendalam untuk mengembangkan pemikiran kritis dan inovatif yang sejalan dengan kebutuhan masyarakat modern, memposisikannya sebagai tokoh transformatif dalam pencarian keadilan sosial dan kebebasan intelektual. Melalui lensa ini, Hanafi terus menginspirasi orang lain untuk mempertanyakan status quo dan mengeksplorasi jalan menuju kemajuan (Sukiman, 2021, hlm. 7).

B. Pokok-pokok Pemikiran Hasan Hanafi

1. Keadilan Sosial dan Teologi Pembebasan

Prinsip utama filsafat Hasan Hanafi adalah komitmen mendalam terhadap keadilan sosial, yang ia anggap sebagai prinsip penting pemikiran Islam. Hanafi berpendapat bahwa hakikat sejati Islam tidak hanya ditemukan dalam ritual atau dogma, tetapi dalam kapasitasnya untuk mendorong pembebasan dan kesetaraan di antara semua individu. Ia percaya bahwa ajaran Islam harus secara aktif menantang dan membongkar struktur yang menindas yang melanggengkan ketidaksetaraan dan ketidakadilan dalam masyarakat. Bagi Hanafi, mengejar keadilan sosial bukan hanya kewajiban moral; itu adalah aspek mendasar dari iman Islam yang menuntut keterlibatan kritis dengan realitas sosial-politik yang dihadapi oleh masyarakat yang terpinggirkan. Dengan mendasarkan ideologinya pada prinsip-prinsip pembebasan, ia berusaha untuk menginspirasi gerakan yang memberdayakan mereka yang secara historis telah kehilangan hak pilih dan dibungkam (Putra, 2019, hlm. 64, 66).

Visi Hanafi tentang Islam melampaui wacana teologis belaka; itu mencakup kerangka kerja yang komprehensif untuk pemberdayaan dan advokasi. Ia menekankan perlunya pemikiran Islam sebagai alat untuk perubahan sosial, mendesak para cendekiawan dan praktisi untuk terlibat dengan realitas mereka yang menderita ketidakadilan sistemik. Dengan berfokus pada hak dan kebutuhan masyarakat yang terpinggirkan, Hanafi menyerukan pemeriksaan ulang terhadap interpretasi tradisional teks-teks keagamaan yang mungkin secara tidak sengaja mendukung praktik-praktik yang menindas. Pendekatannya mendorong umat Islam untuk merefleksikan secara kritis keyakinan mereka dan untuk mengadvokasi masyarakat yang lebih inklusif dan adil. Pemberdayaan ini penting tidak hanya untuk mengatasi masalah sosial yang mendesak tetapi juga untuk menumbuhkan rasa tanggung jawab di antara kelompok-kelompok yang terpinggirkan, memungkinkan mereka untuk menuntut kembali hak-hak mereka dan berkontribusi pada kesejahteraan kolektif masyarakat (Putra, 2019, hlm. 64, 66).

Dalam upayanya untuk mencapai keadilan sosial, Hanafi menghadapi struktur-struktur yang menindas yang ada dalam masyarakat dan interpretasi keagamaan. Ia menyadari bahwa banyak individu telah menjadi sasaran ketidakadilan karena penerapan iman yang kaku dan dogmatis yang menekan pemikiran kritis dan melanggengkan ketidaksetaraan. Dengan mengadvokasi teologi yang responsif terhadap kebutuhan kontemporer, Hanafi menantang norma-norma yang berlaku ini dan menawarkan visi Islam yang membebaskan sekaligus transformatif. Ia menegaskan bahwa praktik Islam sejati harus selaras dengan cita-cita kebebasan, keadilan, dan martabat manusia—nilai-nilai yang penting untuk membina masyarakat yang harmonis dan setara. Melalui karyanya, Hanafi bertujuan untuk menciptakan dunia yang lebih adil di mana hak-hak setiap individu diakui dan ditegakkan, yang pada akhirnya berkontribusi pada reformasi mendalam baik terhadap struktur sosial maupun interpretasi agama yang secara historis telah meminggirkan banyak orang (Gufron, 2018, hlm. 154).

2. Kritik terhadap Dogmatisme

Kritik Hasan Hanafi terhadap penafsiran Islam yang kaku dan dogmatis menyoroti dampak buruk yang dapat ditimbulkan oleh pendekatan semacam itu pada wacana intelektual dan kemajuan sosial. Ia berpendapat bahwa penafsiran yang tidak fleksibel ini sering kali mengutamakan kepentingan segelintir orang—biasanya mereka yang berada dalam posisi berkuasa—di atas kebutuhan dan hak masyarakat yang lebih luas. Hirarki penafsiran ini tidak hanya menghambat keterlibatan sejati dengan agama, tetapi juga menegakkan status quo yang dapat melanggengkan ketidakadilan dan ketidaksetaraan dalam masyarakat. Dengan mengakar pada sudut pandang tradisional tanpa ruang untuk pemeriksaan kritis, dogmatisme membatasi kemampuan individu untuk mengeksplorasi berbagai perspektif dan menghambat evolusi pemikiran Islam. Kekhawatiran Hanafi berakar pada keyakinan bahwa keterlibatan yang benar-benar bersemangat dan bermakna dengan Islam harus memungkinkan adanya pertanyaan dan penafsiran ulang, yang menumbuhkan lingkungan tempat berbagai suara dapat berkontribusi pada pengembangan agama yang berkelanjutan (Gufron, 2018, hlm. 157).

Menanggapi tantangan yang ditimbulkan oleh penafsiran dogmatis, Hanafi menganjurkan pendekatan yang lebih fleksibel dan berpikiran terbuka terhadap ajaran Islam. Ia mendorong para cendekiawan, praktisi, dan orang awam untuk terlibat dengan isu-isu kontemporer dan memikirkan kembali pemahaman mereka tentang Islam berdasarkan realitas modern. Seruan untuk beradaptasi ini bukanlah penolakan terhadap tradisi; melainkan undangan untuk memperkaya iman dengan mengintegrasikan pemikiran kritis dan konteks sosial kontemporer. Hanafi percaya bahwa dengan merangkul penafsiran yang lebih dinamis terhadap ajaran Islam, individu dapat menemukan solusi untuk tantangan masyarakat yang mendesak, seperti ketidaksetaraan, ketidakadilan, dan penindasan. Fleksibilitas ini memungkinkan pemahaman iman yang berkembang yang selaras dengan pengalaman hidup orang-orang saat ini, yang pada akhirnya mengarah pada praktik Islam yang lebih relevan dan berdampak (Gufron, 2018, hlm. 159).

Visi Hanafi untuk Islam adalah yang secara aktif terlibat dengan isu-isu kontemporer, mengakui bahwa tantangan yang dihadapi oleh masyarakat modern memerlukan tanggapan yang bijaksana yang berakar pada prinsip-prinsip inti iman. Dengan menjauh dari dogma yang kaku, ia memberdayakan individu untuk menilai keyakinan mereka secara kritis dan menerapkannya secara bermakna pada konteks sosial, politik, dan ekonomi saat ini. Keterlibatan ini menumbuhkan rasa tanggung jawab di kalangan Muslim untuk mengatasi ketidakadilan yang mereka lihat di sekitar mereka, mendorong mereka untuk menjadi agen perubahan positif di komunitas mereka. Kritik Hanafi terhadap dogmatisme dengan demikian berfungsi sebagai panggilan untuk bertindak, mendesak umat Islam untuk tidak hanya menafsirkan ulang iman mereka tetapi juga untuk berpartisipasi aktif dalam dialog yang sedang berlangsung tentang relevansinya di dunia saat ini. Dengan melakukan hal itu, ia membayangkan sebuah komunitas yang tidak hanya menghormati warisannya yang kaya tetapi juga merangkul tanggung jawab kehidupan kontemporer, mempromosikan visi Islam yang progresif dan berakar kuat pada cita-cita keadilan dan kesetaraan (Zainuddin, 2015, hlm. 51).

3. Dialektika Pemikiran Islam

Hasan Hanafi menekankan pentingnya pendekatan dialektis terhadap pemikiran Islam. Ia percaya bahwa memahami Islam membutuhkan interaksi dinamis antara teks-teks Islam tradisional dan isu-isu kontemporer. Ini berarti bahwa seseorang tidak dapat hanya mengandalkan interpretasi literal dari teks-teks keagamaan, tetapi juga harus mempertimbangkan konteks historis dan sosial di mana teks-teks ini dihasilkan. Dengan terlibat dalam dialog kritis antara masa lalu dan masa kini, Hanafi berusaha mengembangkan interpretasi yang lebih relevan dan bermakna dari ajaran-ajaran Islam (Gufron, 2018, hlm. 160).

Melalui pendekatan dialektis ini, Hanafi bertujuan untuk merevitalisasi pemikiran Islam dan membuatnya lebih responsif terhadap tantangan dunia modern. Ia berpendapat bahwa Islam tidak boleh dilihat sebagai sistem kepercayaan yang statis dan kaku, melainkan sebagai tradisi yang dinamis dan berkembang. Dengan mengkaji secara kritis teks-teks Islam klasik dan menerapkannya pada isu-isu kontemporer, Hanafi berusaha mengungkap nilai-nilai dan prinsip-prinsip abadi yang dapat membimbing manusia menuju masyarakat yang adil dan setara (Gufron, 2018, hlm. 160).

Salah satu aspek penting dari pendekatan dialektis Hanafi adalah penekanannya pada konteks sosial. Ia berargumen bahwa teks-teks keagamaan tidak boleh dipahami secara terpisah dari realitas sosial di mana mereka muncul. Konteks sosial, termasuk struktur kekuasaan, sistem ekonomi, dan budaya, sangat mempengaruhi cara teks-teks tersebut ditafsirkan dan diterapkan. Oleh karena itu, untuk memahami Islam secara mendalam, kita perlu menganalisis bagaimana teks-teks keagamaan telah diinterpretasi dan dimanfaatkan dalam berbagai konteks sejarah. Dengan demikian, kita dapat menghindari penafsiran yang kaku dan dogmatis, serta mengembangkan pemahaman yang lebih nuansa terhadap ajaran Islam (Gufron, 2018, hlm. 162).

Selain itu, Hanafi juga menekankan pentingnya dialog antaragama dan antarbudaya dalam rangka memperkaya pemahaman kita tentang Islam. Ia percaya bahwa Islam tidak boleh diisolasi dari peradaban manusia yang lebih luas. Dengan berdialog dengan pemeluk agama lain dan dengan para pemikir dari berbagai latar belakang, kita dapat menemukan kesamaan nilai-nilai kemanusiaan dan memperkuat semangat toleransi dan saling menghormati. Melalui dialog yang terbuka dan jujur, kita dapat membangun jembatan pemahaman yang lebih baik antara umat beragama dan berkontribusi pada terciptanya perdamaian dunia (Gufron, 2018, hlm. 165).

C. Latihan Soal

1. Jelaskan secara detail bagaimana pendekatan dialektis yang diajukan oleh Hasan Hanafi dapat merevitalisasi pemikiran Islam dalam konteks dunia modern. Berikan contoh konkret bagaimana pendekatan ini dapat diterapkan dalam memahami dan menanggapi isu-isu kontemporer seperti ketidaksetaraan sosial, radikalisme, atau pluralisme agama.
2. Hasan Hanafi mengkritik interpretasi literal terhadap teks-teks keagamaan. Menurut Anda, mengapa interpretasi literal dapat menjadi penghalang dalam memahami Islam secara komprehensif? Berikan argumen Anda dengan mengacu pada pemikiran Hanafi dan contoh-contoh konkret dari sejarah interpretasi Islam.
3. Dalam konteks pemikiran Hasan Hanafi, bagaimana seharusnya hubungan antara agama dan politik? Jelaskan pandangan Hanafi mengenai peran agama dalam kehidupan bermasyarakat dan negara. Berikan argumen Anda dengan mengacu pada konsep keadilan sosial yang diusung oleh Hanafi.
4. Salah satu kontribusi penting Hasan Hanafi adalah dalam bidang teologi pembebasan. Jelaskan apa yang dimaksud dengan teologi pembebasan menurut Hanafi. Bagaimana konsep ini dapat dikaitkan dengan upaya untuk mewujudkan masyarakat yang lebih adil dan setara?

DAFTAR PUSTAKA

Abdullahi, M., & Karimnejadi, S. (2022). The role of reason and narration in religious knowledge from the perspective of al-Shaykh al-Saduq and al-Shaykh al-Mufid. *Qabasat, 27*(105), 147–170. https://qabasat.iict.ac.ir/article_699925_en.html

Afifah, N. (2024). Menyelami Ilmu Kalam: Menyingkap Esensi dan Eksistensinya dalam Islam. *Hadharah: Jurnal Keislaman dan Peradaban, 18*(1), Article 1. https://doi.org/10.15548/h.v18i1.9507

Ahmad, K. (2013). PEMIKIRAN KALAM DALAM KONTEKS KEKINIAN. *Jurnal Ilmiah Ilmu Ushuluddin, 12*(1), 105–122. https://doi.org/10.18592/jiu.v12i1.287

Ahmad, M. K. (2016). KALAM KLASIK DAN KALAM KONTEMPORER (STUDI KONSTRUKSI METODOLOGI). *Jurnal Ilmiah Ilmu Ushuluddin, 13*(2), 145. https://doi.org/10.18592/jiu.v13i2.728

Aji, A. C. (2022). Islam dalam Pusaran Konflik: Syiah dan Sunni Era Dinasti Safawi. *Journal of Integrative International Relations, 7*(1), Article 1. https://doi.org/10.15642/jiir.2022.7.1.43-64

Amin, F. (2012). *Ilmu kalam: Sebuah tawaran pergeseran paradigma pengkajian teologi Islam*. https://books.google.co.id/books?id=biCBnQAACAAJ

Anam, K. R. (2021). *Makna perilaku belanja daring dalam perspektif filsafat teknologi Martin Heidegger (Studi kasus di Kota Surabaya)* [Dissertation]. Universitas Gadjah Mada.

Bahaf, M. A. (2008). *ILMU KALAM Sejarah dan Perbandingan Aliran-aliran Teologi Islam*. MA-eye Press.

Bahroni, I. (2011). Philosophy of Character Education: A Study on the Conception of A.M. Iqbal. *At-Ta'dib, 6*(2), Article

2. https://doi.org/10.21111/at-tadib.v6i2.555
Barella, Y. (2023). SEJARAH PERKEMBANGAN PEMIKIRAN DALAM ISLAM DARI MASA SEBELUM ISLAM HINGGA ABAD XXI. *Kutubkhanah, 23*(2), Article 2. https://doi.org/10.24014/kutubkhanah.v23i2.25866
Basri, H., Yahya, M., & Priatna, T. (2006). *Ilmu Kalam Sejarah dan Pokok Pikiran Aliran-Aliran*. Azkia Pustaka Utama.
Busyairi, K. (1991). Sistematika dan Keragka Pengembangan Studi Ilmu Kalam. *Al-Jami'ah: Journal of Islamic Studies, 45,* 55–64. https://doi.org/10.14421/ajis.1991.045.55-64
Ewing, A. (2013). *The Fundamental Questions of Philosophy (Routledge Revivals)* (1st ed.). Routledge. https://doi.org/10.4324/9780203094686
Fadillah, N. H., Kusuma, A. R., & Anwar, R. A. (2022). Comparative Study of Ijtihad Methods Between Ahlussunnah and Syiah. *Tasfiyah: Jurnal Pemikiran Islam,* 6(1), 83. https://doi.org/10.21111/tasfiyah.v6i1.6837
Faqihuddin, A. (2021). Muhammad Abduh. *Tahdzib Al-Akhlaq: Jurnal Pendidikan Islam,* 4(2), Article 2. https://doi.org/10.34005/tahdzib.v4i2.1598
Fatahilah, A., Izzan, A., & Isnaeniah, E. (2016). PENAFSIRAN ALI AL-SHABUNI TENTANG AYAT-AYAT YANG BERKAITAN DENGAN TEOLOGI. *Al-Bayan: Jurnal Studi Ilmu Al- Qur'an Dan Tafsir, 1*(2), Article 2. https://doi.org/10.15575/al-bayan.v1i2.1600
Fitria, R. A., Jalaluddin, J., Azhari, F., & Hamdi, F. (2024). Historisitas, Setting sosial, Intelektual dan Produk Pemikiran Hukum Islam Madzhab Arba'ah (Hanafi, Maliki, Syafi'i, dan Hanbali). *Indonesian Journal of Islamic Jurisprudence, Economic and Legal Theory, 2*(2),

Article 2. https://doi.org/10.62976/ijijel.v2i2.547

Frank, R. M. (1992). The Science of Kalām. *Arabic Sciences and Philosophy*, *2*(1), 7–37. Cambridge Core. https://doi.org/10.1017/S0957423900001557

Gufron, M. (2018). Transformasi Paradigma Teologi Teosentris Menuju Antroposentris:Telaah atas Pemikiran Hasan Hanafi. *Millati: Journal of Islamic Studies and Humanities*, *3*(1), Article 1. https://doi.org/10.18326/mlt.v3i1.141-171

Hamdani, Maslani, & Suntiah, R. (2010). *Ilmu Kalam* (1st ed.). Sega Asry.

hanafi, H. (2015). *Studi filsafat 1: Pembacaan atas tradisi islam kontemporer / Hassan hanafi; Penerjemah: Miftah faqih; Editor: Najib kailani*. LKis.

Hasbi, M. (2015). *ILMU KALAM*. Trustmedia Publishing.

Hefni, M. H. M. (2011). REKONSTRUKSI MAQÂSHID AL-SYARÎ'AH (Sebuah Gagasan Hasan Hanafi tentang Revitalisasi Turâts). *AL-IHKAM: Jurnal Hukum & Pranata Sosial*, *6*(2), Article 2. https://doi.org/10.19105/al-lhkam.v6i2.307

Hidayatullah, S. (2018). EPISTEMOLOGI PEMIKIRAN SIR MUHAMMAD IQBAL. *Jurnal Filsafat*, *24*(1), Article 1. https://doi.org/10.22146/jf.34761

Ibrahim, A. (2023). Invasi Bangsa Mongolia di Baghdad Sebagai Awal Kehancuran Literatur Islam. *Jurnal Adabiya*, *25*(1), Article 1. https://doi.org/10.22373/adabiya.v25i1.15662

Irfan, M., & Mutrofin, M. (2023). Pemikiran Filsafat Aristoteles Dalam Teologi Jabariyah. *Madania: Jurnal Ilmu-Ilmu Keislaman*, *13*(2), Article 2. https://doi.org/10.24014/jiik.v13i2.27825

Jaelani, J. (2023). Modernitas Kehidupan Beragama Dalam

Perkembangan Pendidikan Islam: (Studi Analisis Pemikiran Muhammad Abduh). *Civilization Research: Journal of Islamic Studies, 2*(2), Article 2. https://doi.org/10.61630/crjis.v2i2.1

Jamaluddin, H., & Anwar, S. S. (2020). *ILMU KALAM Khazanah Intelektual Pemikiran dalam Islam*. PT. Indragiri Dot Com.

Katsoff, L. O. (1987). *Pengantar filsafat: Sebuah buku pegangan untuk mengenal filsafat* (2nd ed.). Tiara Wacana Yogya.

Kiswati, T. (2014). *Ilmu kalam: Aliran sekte, tokoh, pemikiran dan analisa perbandingan aliran Khawarij, Murjiáh dan Mu'tazilah*. UIN Sunan Ampel Surabaya Press.

Komarudin, D. (2015). *Studi Ilmu Kalam I*. LP2M UIN Sunan Gunung Djati. https://digilib.uinsgd.ac.id/id/eprint/22228

Kuncahyo, I., Azis, M., Aryanto, N. K., Utami, A. C., & Faizah, U. (2024). Efforts to Reform Islamic Law: An Analytical of Muhammad Abduh's Thought. *Interdisciplinary Journal of Social Science and Education (IJSSE)*, 21–30. https://doi.org/10.53639/ijsse.v2i1.17

Lubis, A. F. (2015). *Pengantar filsafat umum*. Perdana Publishing.

Maesaroh, L. (2024). Menyingkap Perdebatan Qadariyah dan Jabariyah: Antara Kehendak Bebas dan Takdir Illahi. *EDU-RILIGIA: Jurnal Ilmu Pendidikan Islam dan Keagamaan, 8*(3), Article 3. https://doi.org/10.47006/er.v8i3.20742

Millati, H. (2019). The Negation of Wahhabi Ideology: *Proceeding: Faqih Asy'ari Islamic Institute International Conference (FAI3C), 1*. https://proceeding.iaifa.ac.id/index.php/FAI3C/article/view/10

Mulyadi, A. (2007). MENGGUGAT HEGEMONI IJMÂ'. *AL-IHKAM: Jurnal Hukum & Pranata Sosial, 2*(1), Article 1. https://doi.org/10.19105/al-lhkam.v2i1.2611

Muniron. (2015). *Ilmu kalam: Sejarah, metode, ajaran dan analisis perbandingan* (1st ed.). Pustaka Pelajar.

Muqoyyidin, A. W. (2013). PEMBARUAN PENDIDIKAN ISLAM MENURUT MUHAMMAD ABDUH. *Jurnal Pendidikan Islam, 28*(2), Article 2. https://doi.org/10.15575/jpi.v28i2.549

Nasar, F. (2015). *ILMU KALAM*. IAIN Jember Press.

Nasir, M. (2022). Akal dan Wahyu dalam Persfektif Muhammad Iqbal. *Hijaz: Jurnal Ilmu-Ilmu Keislaman, 2*(1), Article 1. https://doi.org/10.57251/hij.v2i1.876

Novela, H. (2018). Tafsir Qur'an, Hadits dan Kalam Dr. Wajidi Sayadi, M.Ag. *Dirasah: Jurnal Hasil Pembelajaran Ilmu-Ilmu Keislaman, 1*(1), 43–54.

Parhan, M., Nuraini, A. S., Harianti, A., Rahman, D. S., Kurniawan, I. H., & Qinthara, M. A. (2024). Sejarah Kemunculan dan Konsep Pemikiran Aliran Murjiah Serta Pengaruhnya Pada Masyarakat Islam Zaman Sekarang. *IHSANIKA : Jurnal Pendidikan Agama Islam, 2*(2), Article 2. https://doi.org/10.59841/ihsanika.v2i2.1083

Putra, S. (2019). Reaktualisasi Pemikiran Islam Hasan Hanafi. *Sanaamul Quran: Jurnal Wawasan Keislaman, 1*(1), Article 1. https://doi.org/10.62096/sq.v1i1.5

Ramadhani, H., Mukti, A., & Dahlan, Z. (2022). IMPLIKASI DOKTRIN QADARIYAH DAN JABARIYAH DALAM PEMBANGUNAN KARAKTER SOSIAL. *GOVERNANCE: Jurnal Ilmiah Kajian Politik Lokal Dan Pembangunan, 8*(3), Article 3. https://doi.org/10.56015/governance.v8i3.54

Rohim, M., & Saniff, S. M. (2013). Analysis on the Thoughts of Imam Abu Hanifah and Imam Syafiâ€™i on the Ijtihad Method for Sukuk Instrument. *Sains Humanika, 62*(1), Article 1. https://doi.org/10.11113/sh.v62n1.129

Rozak, A. H., Nasirudin, M. W., & Ni'ama, M. A. (2023). Ahlussunah wal jamaah perspektif hasyim asy'ari. *Indonesian Journal of Muhammadiyah Studies (IJMUS), 4*(1), Article 1. https://doi.org/10.62289/ijmus.v4i1.48

Rubini, R. (2018). KHAWARIJ DAN MURJIâ€™AH PERSPEKTIF ILMU KALAM. *AL-MANAR: Jurnal Komunikasi Dan Pendidikan Islam, 7*(1), 95–114. https://journal.staimsyk.ac.id/index.php/almanar/article/view/85

Ruslan, M. (2012). *PEMIKIRAN PEMBENTUKAN NEGARA PAKISTAN* [Thesis]. INSTITUT AGAMA ISLAM NEGERI SUMATERA UTARA.

Ruzakki, H., & Maimunah, N. (2021). PERAN PENTING PENDIDIKAN DALAM TRANSMISI FILSAFAT YUNANI KE DUNIA ISLAM. *Edupedia : Jurnal Studi Pendidikan dan Pedagogi Islam, 6*(1), Article 1. https://doi.org/10.35316/edupedia.v6i1.1359

Sagala, A. H., Amanda, D., Addi, N., Siregar, R. S. H., & Wahyuni, R. (2024). Aliran Murji'ah Sejarah Dan Pemikirannya. *AL-Ikhtiar: Jurnal Studi Islam, 1*(1), Article 1. https://journal.salahuddinal-ayyubi.com/index.php/ALJSI/article/view/49

Sahrodi, J. (2021). *PENGANTAR FALSAFAH KALAM* (4th ed.). CV. Pangger.

Sukiman, P. (2021). *Tauhid Ilmu Kalam: Dari Aspek Aqidah Menuju Pemikiran Teologi Islam*. Perdana Publishing.

Taufik, M. (2018). *Menelusuri akar kalam dalam Islam. Dalam*

Iskandar Zulkarnain, H. (Ed.), Kalam: Mewacanakan Akidah Meneguhkan Keyakinan. FA Press.

Wan, M. A. @ N. M. S. N. (2019). Sejarah Pembahagian Tauhid Rububiyyah, Tauhid Uluhiyyah, dan Tauhid Asma wa Sifat dalam Pengajian Usuluddin. *INSANCITA, 4*(1), Article 1. https://doi.org/10.2121/incita-jisisea.v4i1.1197

Yaacob, N. (2022). Aliran Akidah Umat Islam Terhadap Sifat Khabariyyah: The Sect of Belief among Muslims on the Attribute of Khabariyyah. *RABBANICA - Journal of Revealed Knowledge, 3*(2), Article 2. http://ejournals.kias.edu.my/index.php/rabbanica/article/view/248

Yasin, T. H. M., Wijaya, S. I., Rijal, S., Ibrahim, S., Basyir, D., Ahmadi, R., Fuadi, Ahmad, Y., Husni, M., Ahmad, I., Ahmad, S., & Hakim, L. (2014). *Studi Ilmu Kalam* (1st ed.). Fakultas Ushuluddin, Universitas Islam Negeri (UIN) Ar-Raniry.

Zainuddin, Z. (2015). Pembela Golongan Islam Minoritas (Pendekatan Kiri Islam Hasan Hanafi). *Qolamuna : Jurnal Studi Islam, 1*(1), Article 1. http://ejournal.stismu.ac.id/ojs/index.php/qolamuna/article/view/5

Zuhri, A. M. (2013). *Aqidah ilmu kalam*. UIN Sunan Ampel Surabaya Press.

Biografi Penulis

Dr. Rifqi Khairul Anam, M.Si., lahir pada tahun 1987 di Situbondo, Indonesia, adalah seorang sarjana dengan dedikasi pada bidang filsafat dan sosiologi. Perjalanan akademisnya dimulai di Universitas Muhammadiyah Malang, tempat ia meraih gelar sarjana (S.Sos) dan magister (M.Si) di bidang sosiologi, menyelesaikan program ini antara tahun 2006 dan 2012. Didorong oleh hasrat untuk penyelidikan filosofis yang lebih mendalam, penulis melanjutkan studi doktoralnya di Universitas Gadjah Mada, tempat ia mengkhususkan diri dalam filsafat. Selama masa studi doktoral, penulis aktif melakukan penelitian lapangan di berbagai komunitas di Indonesia, hasil disertasinya menghasilkan publikasi ilmiah yang membahas tentang pemikiran eksistensialisme. Menyelesaikan gelar Doktoral pada tahun 2021, sejak saat itu ia tertarik berkontribusi pada bidang akademis dan intelektual, memadukan wawasan sosiologis dengan ketelitian filosofis.

Latar belakang akademis membuat penulis terus aktif menulis dan memperkaya diskusi tentang pemikiran filsafat dan keislaman di tempatnya bekerja. Penulis menjadi dosen tetap di Program Studi Pendidikan Agama Islam di Institut Ahmad Dahlan Probolinggo sejak Oktober 2021. Pada tahun 2022, ia mulai mengajar mata kuliah Ilmu Kalam, di mana ia mendalami aspek-aspek mendasar teologi Islam. Pengalaman mengajar ini telah memberi penulis kesempatan yang unik untuk mengeksplorasi konsep-konsep teologis dan saling berdialog dengan para mahasiswa, sehingga menumbuhkan pemahaman yang lebih mendalam tentang ilmu kalam di kalangan civitas akademika.

www.ingramcontent.com/pod-product-compliance
Lightning Source LLC
LaVergne TN
LVHW092036051026
849518LV00012B/935
* 9 7 8 6 2 3 8 7 3 3 8 9 7 *